典藏版

千古风流人物诗传

你是锦瑟，我为流年
李商隐诗传

谭 慧／著

他是晚唐最后一抹绚丽的夕照，
他充满悬念的一生，扑朔迷离，唯美动人，
他让一个王朝末世，在诗句里瑰丽地狂欢。

華齡出版社

责任编辑：高志红
责任印制：李未圻
封面设计：颜　森

图书在版编目（CIP）数据

你是锦瑟，我为流年：李商隐诗传 / 谭慧著. --北京：华龄出版社，2017.1
ISBN 978-7-5169-0858-7

Ⅰ. ①你… Ⅱ. ①谭… Ⅲ. ①李商隐（812–约858）–传记 Ⅳ. ①K825.6

中国版本图书馆CIP数据核字（2017）第007509号

书　　名：你是锦瑟，我为流年：李商隐诗传
作　　者：谭慧　著
出版发行：华龄出版社
印　　刷：北京佳顺印务有限公司
版　　次：2017年7月第1版　　2017年7月第1次印刷
开　　本：850×1168　1/32　　印　　张：6
字　　数：120千字
定　　价：25.00元

地　　址：北京市朝阳区东大桥斜街4号　　邮编：100020
电　　话：84044445（发行部）　　传真：84049572
网　　址：http://www.hualingpress.com
（如出现印装质量问题，调换联系电话：010-82865588）

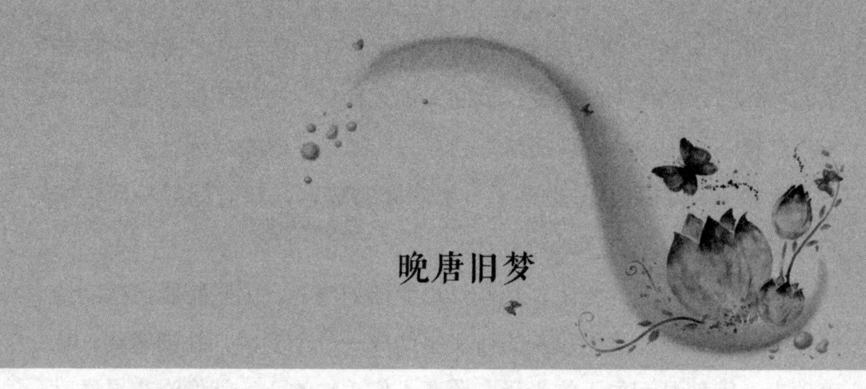

晚唐旧梦

秋风生渭水，落叶满长安。

一场安史之乱，让大唐帝国的光芒渐渐隐去。一幕大戏唱到曲终，高潮留给盛唐，结局却是悲情。浮靡的晚唐，斑驳得像一匹黯旧的织锦，席卷过来，带着湿重的气息，凉意直逼人心底。末世，就连繁华也虚空得令人无措，那一片寂寥如黑云压顶，没有人能够逃避。

盛世过后，李唐王朝已气若游丝。

然后，他来了。

如一颗星，以幽深窈渺的辉光映亮了那片漆黑的夜空，让晚唐的忧伤谢幕有了几分绮丽的色调。

那颗星，如此忧郁而多情，他的名字叫李商隐。

人都道他是晚唐最后一个情种，一生缱绻在情爱思慕的情绪里。殊不知，他亦是满怀抱负与情怀的儒家少年，为家国天下积极奔走。

只是，大唐帝国日薄西山，江河日下，一心想以凌云寸心逐风波于万里的他，拯危济世的梦想已没有能够施展的舞台。他在晚唐的长烟落日中踟蹰前行，一路磨难，一路浮沉，一路黯然。曲陌参差，流莺飘荡，误陷党争，怀才不遇，漂泊无依，夙心无期，渐渐被这繁芜错杂的人生无常所湮没。终于，他还是躲不过命运，躲不过那个伤痕累累、垂垂将死的时代。

于是，至苦之情，郁结于心，发为诗句，凝练出一篇篇绝世华章。一句“永忆江湖归白发，欲回天地入扁舟”写尽了他的梦想，一句“红楼隔雨相望冷，珠箔飘灯独自归”写尽了他的命运。

大厦将倾的晚唐，湮灭了一位耿介的政客，却造就了一代多情的诗才。

那些繁华流走的光阴，那些灯影飘摇的岁月，那些朦胧伤感的情怀，细碎散开，在凄迷哀婉的诗文里结成一个个梦境，扑朔迷离，唯美动人，闪着温润如玉的光泽，照亮人们柔软的心。就像昨夜星辰时绕柱而升的袅袅烟波，巴山夜雨后西窗烛下的翩翩彩蝶，他用绮丽的音律，婉约的意象，慨叹着一生的悲凉。

多情者本就容易自伤，何况还欲于无情的世界寻觅情之归所，而终于无处堪用其情，便只觉世界辜负了自己。

虚负凌云万丈才，一生襟抱未曾开。

然而，即便见过善变的嘴脸，听过浮夸的宣言，受过不公的冷遇，世界在他笔下依然那么美，永远用不完的真心真意。需要多痴情，才能在历经那么多残酷后，仍坚信良善不只是空话，幸福不只是梦想。这坚信，是对世界最大的善意。

这世界当真辜负了他。

漫天风雨的黄叶下，冷雨敲窗，金烬销暗。屋里，一支红烛无声燃着，烛油淋漓淌下，淌满了古铜烛台的暗青色碟子。那昏黄如豆的烛光，似一朵红心白瓣的梨花，悠悠在他眼前绽放。他颤抖着拿起笔，在纸上一笔一画写下“锦瑟无端五十弦，一弦一柱思华年”。

这五十弦柱的年华，仿佛玉生的烟，影色变幻，无可捉摸，明明可以清楚看见，却只能任由它散去。终于泪落湿枕，过往的追忆忽然间支离破碎。

徒叹，惘然。

CONTENTS

目录

卷一 白衣才俊少年郎

少年才子，生逢末世

人生本是得失并序的途程，如若拥有了明月，便要交还出清风；如若揽住了斜柳，就要退回山花。弱水三千，只得取一瓢饮，贪恋，不过是命运附加的陷阱，寻觅的路上注定要承受无法预期的波折。

晚唐犹如春暮，虽然依旧冠着春日的名号，但枝头的杏花到底即将凋谢。许是天性使然，又许是常随仕途不定的父亲奔波，李商隐自幼时起，那方狭窄的心湖里，便比旁的孩子多了几圈涟漪。而后年岁渐增，这种莫名的波澜愈来愈强烈，像是要将他湮没一般。

他总是认为自己本该生在牡丹争艳的盛唐，如此方才不辜负自己的八斗才情。被盛世放逐的滋味，有些苦，有些酸，有些疼，不炽热，也不猛烈，却如蠹虫侵蚀一般，一点点将他的心魂掏空。

于是，那些难以启齿的愁绪，那些无处安放的故事，便在时光的沉淀中，编织成没有答案的谜底。因措辞太过优美，这些掺杂着美感的遗憾，在晚唐的幕布上，竟然开成了一首首炫美的诗。

虽说时光经不起来来回回的辜负，但正是这有规律的阴差阳错，让李商隐在沧海明月夜，散发出了凄美夺人的花火。

故事要从头诉说，方才觉得完满；有了高潮与低谷的跌宕起伏，方才荡气回肠。李商隐酝酿的传奇，犹如墨汁在诗笺里点进去一滴，刚刚晕开了故事的一角。

元和七年（812），已被虱子咬得残破不堪的大唐，倏然间挣扎出一些微弱但足够令人兴奋的余光。此时正是唐宪宗当政，纵然宦官专权之风日渐强劲，藩镇割据之行逐步严重，但因天子任用贤臣、整顿财赋，奄奄一息的唐代也出现了“元和中兴”。

李商隐正出生在这夕阳无限好，却惆怅近黄昏之时。其父李嗣老来得子，欢愉之情可想而知，特意为宠儿取名“商隐”，字“义山”。

商隐，取“商山隐者”之意，即愿他能如秦末汉初隐逸于商山的四皓一般，不慕名利、不驱财贵，采紫芝以充饥，乃至国家混乱时，又能走出深山，以辅佐君王。“义山”，即意为虽然隐居，仍怀济世之心，多能行义。

然而，一个带着父辈殷切期望的名字，在冥冥之中自有安排的命运面前，实在太过缥缈。快乐总与痛楚毗邻，希望总与失望相接，红尘中人，看似自由，实则只是一头困兽罢了。李嗣不会巫术，终究没能预料到其子一生只能空怀一身才情，任凭满山的紫芝，霸占了他的视线。

或许，这正是生命的迷人之处，因不知晓真相，便满怀欣喜地翻过一个个山头，企图摘到熟透的果子。待尘埃落定，水落石出，谜底揭晓后，也将是生命收场时。纵然采撷到的是沉甸甸、空落落的绝望，毕竟人们已经奔跑了一生。这便是所谓的收获吧。李氏一族也算得上贵族后裔。其与大唐开国皇帝李渊同宗，皆为西汉将军李广、西凉武昭王李暠之后，流着皇室宗亲的血液。然而，这贵族的身份，似乎并未给李家带来光耀门楣的资本，反倒是跌宕起伏的波折，不间断地压到了家族头上，让本就敏感多思的李商隐有了没落贵族式的忧伤。

自祖父李俌始，李氏家族便举家由怀州河内，迁往百里之外的荥阳。而后，父亲李嗣又带着一家老小前往荥阳东北的获嘉县为官。候鸟的每一次迁徙，都是追逐阳光、避及凉寒的旅行，下一次季节的交替，便是它归来之日。然而，诗人的每一次离开，都意味着漂泊，只有开始，却看不到结束。

李氏家族的这两次搬迁，就好像潘多拉的盒子不小心被掀开了一角，而后苦恼、挫折、痛楚、艰辛接踵而来，让人应接不暇。虽说困苦让人成长，但谁愿意一直做蜿蜒在低谷，似乎永远流不到大海的溪流呢？

元和九年（814），尚且不懂人情世事的李商隐，跟随刚刚任命为浙江观察使幕僚的父亲来到了“日出江花红胜火，春来江水绿如蓝”的江南。

江南的日子，总是温滑如水，柔润似玉。一池春水、一蓑烟雨、一剪斜风、一米阳光，都带着浓厚的情意。碧湖边习字，烟柳下看书，李商隐不知不觉中便醉倒在了这片氤氲仙境中，就连他还未成熟的筋骨，都渐渐地酥软了。梦里花落知多少，那走不完的石板桥，那如微雨般簌簌洒落的栀子花瓣，以及那如水般倾泻的和煦阳光，已然成为他年少记忆中令人艳羡的意象。

纵然日后李商隐在荒凉的世间流离，只要他将江南的那一炉沉香屑点燃，熏染出的便是“花落一川烟雨”的好风景，是父亲教授的“温良恭俭让”的道理，当然也有欲说还休的惆怅。花开是喜，叶落是忧，江南这怡人的光景，像是一场若有若无的约定，不经意间就将李商隐推向了诗人行列。

然而，当他把笔墨伸向纸笺，情思变得细腻，深深爱上江南这片润土时，却要被迫离开。原来一厢情愿的美梦，终有醒来的时刻。因公务繁忙，再加上体弱多病，长庆元年（821），李商隐的父亲李嗣去世。一瞬间，温暖如春、烟花开遍的江南，换了容颜。握在手中的生活，陡然间生出了巨大的裂口，熟悉的此岸已不是停留之地，而在陌生的彼岸，中间深不见底的，是少年无法填满的慌张与失措。

作为长子，年仅十岁的他，由南而北，一步步将父亲带回到故乡荥阳，来时的路，与归去的路，本是一样的距离，而初晓人事的李商隐，却走出了人间的沧桑。父亲这棵庇佑他的大树颓然倒地，他也失去了归宿。虽说人生来即是漂泊，本该懂得随遇而安，然而对一生都在巴山夜雨中寻觅归宿的李商隐来说，这未免太过残酷。

三年之后，守孝期满，李商隐为了维持家用，便做了“佣书贩舂”的生计，即替人抄书与舂米卖谷。这两项工作虽并不沉重，但对眼前世界尚有抱负，且内心残存一缕诗意的少年来说，到底磨损了他的一番热情。

凡事都似硬币，皆有正反两面。正是在生活中被冷落，才使得李商隐的寂寞在黑夜中暗暗滋长。在江南蕴含的诗情，也因蘸了寂寞的养分，得以寸寸拔节。而他，也正以花朵初绽的姿态，渐渐地舒展开来。虽然他更像晚唐的一朵昙花，但毕竟用尽了全身力气，为单调的时代，渲染出了最绮丽的色彩。

当然，如若一生皆以“佣书贩舂”赚取家用，生命则永远不会出现转机。于他而言，唯有科举方能改变命运。在家不成体系的自学，自然成就不了功名，幸而此时其堂叔父李处士正隐居乡间，他便欣然拜访。

有人生来即与文字相通，字里行间的秘密，他们似乎都能窥晓。眼中景、胸中事、心中情，不消几笔，便蜿蜒成诗。这其中有先天的因素，更有后天的积累。因见惯了人间不平，这个日渐成熟的男子，心底已有郁结，故而在一个午后，他执管挥毫，不消几时，一篇龙飞凤舞、文辞华美的《才论》便跃然纸上。许是思如泉涌，许是不吐不快，几日后，他又拿起如椽大笔，蘸着激昂的墨汁，挥手写就《圣论》。

两篇文章一问世，便如一枚石子陡然投入湖心，荡起粼粼波澜。洛阳士大夫无论如何也想不到，这般激扬的文章，竟出自仅仅十六岁的一介少年之手。

十六七岁的年纪，正是青春的花季。此时，他的诗也如海绵一般，只要轻轻一吟，便生发出些许湿润的水汽。

八岁偷照镜，长眉已能画。
十岁去踏青，芙蓉作裙衩。
十二学弹筝，银甲不曾卸。
十四藏六亲，悬知犹未嫁。
十五泣春风，背面秋千下。

——《无题》

此时的李商隐，像极了春日枝头上的那朵杏花，不满于庭院内的风光，总要踮起脚尖去够一够墙外的景致。这藏不住的春心，或许会惹来旁人的捂面掩笑，但这斜斜逾过矮墙的杏花梢，又给本就足够明媚的春天，匀了一层脂粉。

即便如此，这有着红晕的春天，在他眼中还是生出了丝丝缕缕的怅惘。

这首具有仿古痕迹的诗歌，定是因民歌的纤细与清莹，才能与不染纤尘的心思相契合。这与古时中了焦仲卿情蛊的刘兰芝何其相似，“十三能织素，十四学裁衣，十五弹箜篌，十六诵诗书，十七为君妇，心中常苦悲”，故事的收尾处，像是一件精致的瓷器无端落在了地上，徒留华丽的苍凉，徒增幻灭的凄美。

在花蕾初绽、春光正好的时节，李商隐便已感知到了忧愁。敏感如他，似乎早就窥探到了“商隐”二字所携带的另一层寓意——空有才华，却埋没深山。或许，连他自己也知晓，他的一生不过是下坠的过程。但他拥有化凄凉为美丽的能力，就连下坠，也保持着飞翔的姿势。

学道玉阳，情窦初开

红尘往事，好似一部无字天书，蓦然回首时，世人并不明白，如何去注解，怎样去释怀。然而，好奇心总是驱使着苍茫世间的人们，做出种种猜测，去为那些空白的过往，或添些微风细雨，或添些春花秋月，以充盈自己的心意与期许。

往昔愈是迷离，便愈能激起人们的兴趣，将它描绘得美轮

美奂。正如谁也不知道李商隐，在人生的春天，是否真的去过仙雾缭绕的玉阳山，是否在交织着禁欲气息与暧昧色调的道观里，品味了一场朝霞般缛丽的爱恋。但正是这无法解开的千古谜题，引诱着人们循着时隐时现的藤蔓，替李商隐讲述那段或许从未发生，但足够令人着迷的故事。

捕风捉影并且沉醉其中，原是世人戒不掉的瘾。唐朝初年，天下未定，唐高祖李渊亟须一根坚韧的拐杖，在板荡的国土中站稳脚跟。于是，他顺着历史回溯，及至春秋时，终于在泛黄的书页中找到了契合他心灵的东西——道教。因道家始祖为老子，斯人姓李名耳，李渊便自封老子后代，并将道教算作“本朝家教”。自此，道教便如着了雨露的荞麦，一夜间绿了整个田埂。

在此种风气的影响下，诸多公主、妃嫔纷纷迈着细碎的步子，走进云雾袅袅的道观，做起了姿态翩然的女冠。她们虽为出家之人，却有足够的时间与精力去参诵道书、吟诗作赋、学习歌舞，亦有机会去修饰仪容、讲究装束。于是，在那看似阒寂的玉阳山上，着意压抑的暧昧，无意中潜滋暗长。

当懵懂的李商隐只身走进玉阳山时，像是换了一副筋骨般，被这莫名的感受，撩得心尖发痒，偏又搔不到痒处，也触不到心中蠢蠢欲动的莫名思绪。如若说烟雨氤氲的江南唤醒了他内心沉睡的柔情，那么仙气迷蒙的玉阳山则为这柔情注入了一股蜜甜与奇幻，让他在从未踏足的国度中，尝到了猝不及防的乍喜与忧伤。

情窦初开的羞赧、不知所措的笨拙、纯净如水的爱慕，以及蜻蜓点水的际遇，李商隐舍不得倾诉，亦不敢坦然言说，唯有在孤独的夜里，闲卧窗边，守着一盏忽明忽暗的青灯，将缄默的情愫化成一首首看不出破绽的诗歌。

碧城十二曲阑干，犀辟尘埃玉辟寒。

阆苑有书多附鹤，女床无树不栖鸾。

星沈海底当窗见，雨过河源隔座看。

若是晓珠明又定，一生长对水精盘。

——《碧城三首》其一

世间难免有诸多骗子，然而人们自欺的时候往往比欺人的时候多。李商隐以为只要守口如瓶，便可以让旁人蒙在鼓里，却不期然，那带着绮丽色泽的诗行，那夜间不肯熄灭的烛火，已经泄露了他的秘密。

或许世人就是这般矛盾，总是害怕被人看穿，却又时时盼望着被一个暖心人了解。当李商隐在诵经之余，瞥见一个丰容静饰的女冠后，便心旌摇荡，紧闭的心扉倏然间有了一处柔软的松动。自此，那个如美玉无瑕的女子，连同她居住的仙城，便汹涌在他的心上，堆起一簇簇浪花。

然而，风浪总有平息时。道观之中，风气再为开放，男女道士之间终究隔了一道高墙，想要越过藩篱并非易事。于是，李商隐心中搅起的碧波，不过是雨后一道绮丽的彩虹，给予他美的感知，而后便消散在云端。那刚刚漫过来的爱恋，也只得依附于他丰盈的想象。

在他的想象中，远离尘嚣的碧城，本该是仙境一般的存在。那里紫霞漫天，云气缭绕，重叠辉映。如若沿着婉曲的栏杆走进这座仙城，掀起层层帷幕，则会窥知房间内摆着可以辟尘的犀角、能够辟寒的玉石。清人冯浩有云：“入道为辟尘，寻欢为辟寒也。”纵然道观为清净之地，但观中的她们皆是红尘中人，注定要受红尘之苦，那斩不断的情丝，藏匿不了的深情，都在暗中规定了道路的方向。

碧城之内，有两处最为著名，其一为阆苑，林黛玉前世是一株绛珠草时，便生在这如真似幻的阆苑之中。另一处则为女床，即为女床山，有鸾凤栖树。许是因为曾与女冠传诗寄情的经历，李商隐便幻想在碧城里，阆苑中以鹤传书，女床中鸾凤约会。

当爱成为人生寄托，必会以痴情与热烈的方式相偿。初遇爱情的人，总是迫不及待地要将酸甜苦辣尝遍。既然心意笃定，又怎会让重重围墙牵绊住脚步。夕阳沉入山的另一侧时，便是情人耳鬓厮磨之时。

时间本是对等的分分秒秒，然而欢愉的时刻，总好像被驱赶着一般，眨眼的工夫，晨曦便涌上地平线。缱绻的深情，也只得随着鸡声远去，容不得如胶似漆的恋人有片刻的徘徊。可叹，深情如许，却终究承受不起第二日的曙光。

得又复失的滋味，让李商隐的心霎时空空落落。深陷泥沼的他，仍痴痴地对生活做出假设。如若昏夜不晓，黎明不至，仙人则可厮守无终时。而这，不过是他的一厢情愿罢了。骤暖忽寒的红尘，总得需要一些苍凉和凄美的故事作为点缀。隔岸的烟花，再绚丽也终究会幻灭成世人心中的灰烬。但李商隐的笔尖，还是会给他已经浮上水面，但无处安放的一厢情愿做出恰当的交代。他亦会用含蓄、隐晦的方式，为那些在无眠的夜里生发的痴念，做出适宜的回答。

人们总爱将美的事物比喻成花，爱情也不例外。一朵花的绽放尚且离不开阳光、空气、泥土和雨水，爱情则更需要缘分、珍惜、承担的守护。李商隐与玉阳山女冠的相恋，也契合了邂逅爱情所需要的每一步，缘分让他们相遇，珍惜让他们相守，承担让他们心安。然而这并非寻常世间，禁忌的爱情终究迎不来黎明，他们只得在暗夜的庇护下，小心翼翼地倾诉衷肠。

对影闻声已可怜，玉池荷叶正田田。
不逢萧史休回首，莫见洪崖又拍肩。
紫凤放娇衔楚珮，赤鳞狂舞拨湘弦。
鄂君怅望舟中夜，绣被焚香独自眠。

——《碧城三首》其二

如若过了时令，少了晨曦的清凉玉露，没了春日的一剪凉风，花便开至荼蘼。同样的，当缘尽而散，际遇渐转凉薄时，爱情亦会香消玉殒。如若当初置身事外，今日又何必画地为牢，然而谁能逃得过这场和着甜蜜与惆怅的劫。

行走在爱情的刀刃上，一侧是念念不忘的深情，另一侧是割舍不掉的相思。这两股力量僵持始终，无法消除。李商隐置身其中，站在这锋利的刀刃上，亦是倍感幸运，又被划得遍体鳞伤。

池塘中，翠色的莲叶正开得醉人。清风拂来时，天地间仿

佛满是让人忍不住贪婪呼吸的醇香。李商隐看见莲叶，也便想起了如莲叶般美好的佳人。缀在天幕上的弯月，曾偷听过他们的蜜语；弥漫在夜色中的花香，曾窥看过他们的柔情。而今，月华依旧，芳香如昨，他们却成了最熟悉的陌生人。明明看得到彼此的身影，亦听得见彼此的声音，而在这容不下爱情的道观里，却得习惯擦肩而过。

每个梦，都绑缚着枷锁；每段青春，都背负过苦涩；每场爱情，都蕴藏着折磨。欲要享受其中的过程，也就要敢于承担后果。李商隐选择承担的方式是，用远古的传奇，堵住流血的伤口。

萧史与弄玉相慕相恋，终日琴箫合奏，这悠然销魂之声终引来凤凰，使得他们二人得以双双升仙而去。而道观中的女子，又何尝不渴慕神仙眷侣般的生活，期许着自己像弄玉一般遇到可以琴瑟和鸣的萧史。

然而，世事仿佛总是与自己的心意背向而驰。纵然郑国大夫郑交甫在汉水江畔得到了汉水女神的玉佩，在转身时，一切终究烟消云散，如同树叶经历了一场秋风，簌簌而落，再也回不到当初。

李商隐不是不知晓深情未必以深情相报，但他还是义无反顾地走上了寂寞的途程。就像娥皇、女英明知舜帝已殁，却还是终日而泣，最终投湘水而死，化为“湘夫人”，日夜伴着九嶷山下舜帝的灵魂。每当世人听闻江上音调哀戚悲婉的鼓瑟声时，便忍不住想起那段以死句读的爱情。

每当现实里的苦楚无力纾解，人们便退守到回忆里寻求解脱，然而寻求安慰的人反而陷入了更深的痛苦。春秋时楚国的鄂君子晳，因在访问越国归去的路上，听到了划船女子的情歌，日后便守着寂寥的夜色，一遍遍复习舟中情景，以期在相思的困境中得到救赎。

但回忆愈是鲜妍，心则愈残缺，爱情千古皆是如此。这久远的故事，争相涌入李商隐的笔端后，也未能让他的惆怅消解分毫。在最黑的子夜中，他唯有独自拥衾取暖。爱情扑朔迷离，置身其中的人更像是在霓虹灯影里漫步，不知不觉便会一头扎进其中，步入宿命设下的迷局。在云雾旋凝的道观中，李商隐深陷爱情泥沼，无法自拔时，便在诗中制造了一串串迷梦，意在掩饰，更为了还原。故而，他从脍炙人口的典故中截取亦真亦幻的玄思和片段，建立起一个抽离于现实的异度空间，将观众引入时光的隧道，引入那一段段过往。

因惯常思维的"确定性"，人们往往爱从李商隐的曲笔中，找到合乎自己心意的注释，猜测他的情与爱、欢愉和失落。而李商隐对于人们这些猜心游戏，全然不顾，只是兀自惦念着开启他心扉的女子，独自走上了那条沉醉不知归路的痴情路。

碧海青天，夜夜相念

恋人之间的距离，怕是直尺无法丈量。有时明明就在身畔，却好像隔了千万光年；有时身居天涯海角，却恍然亲似近邻。而这一切取决于，在爱情这场戏剧中，你是否扮演了一厢情愿的角色。

爱情本是一支双人舞，每个人都不介意对方的舞步是否优美至极，却都害怕一个人独舞。李商隐在玉阳山这场始终沉在湖底的爱情，有着灯光绚丽的舞台，有千年不散的观众，却始终未见他心中的伊人，与他执手跳一段倾城舞蹈。最终，唯有他那未曾浮上湖面的深情，化成了一片荒芜的青苔。

在爱情中，不必一一去追究，因为这剪不断的情愫从来不曾历历分明。那些没有兑现的诺言，也不必去计较，因为没有谁真心愿意去违背。情逝之时，更不用去抱怨，毕竟那些细腻的呵护，已永远为你所有。世人能做的，便是虔诚地去怀念。

当命运的洪流，不由分说地将李商隐爱慕的女子从他身边带走时，他除却满心惆怅，一无所有。就连仰望苍穹，也会生出浸透心魂的落寞与寂寥。

云母屏风烛影深，长河渐落晓星沉。
嫦娥应悔偷灵药，碧海青天夜夜心。

——《嫦娥》

一瞬间的相逢，却要用尽一生的思念。红尘路上，结伴同行的人，总是在岔路口，相继走散。留下的只不过是一点虚无的回忆，一颗空落落的心，还有一个冷清清的房间，让他徘徊。

月华淡淡，一支梅花婉曲着探向窗前。香气醇浓有足，清淡有余，一点点透过窗棂渗进房间。这本是自然的馈赠，却让被思念捆绑的李商隐徒增烦恼。烛光摇曳，时明时暗，照不亮他的心，也不肯就此熄灭，只在云母屏风上留下了一层黯然的身影。欲舍难弃，欲留不能，这怕是爱情中最残酷的诅咒。前方仍是无涯的汪洋，回头早已看不到渡口，他唯有在波涛汹涌的思念中，无止境地放逐自己。

夜渐渐暗下去，月无声息地隐没，就连那漫天的繁星也悄悄沉落，他终究要在这长夜中默然哀叹，独自挨过。

“深”，是夜的色泽，亦关联着李商隐心情的落寞。“沉”，是星辰的陨落，更诠释了李商隐思绪的逐渐萧索。剪不断的哀愁，也唯有这两个字，与他寂寥的心境最为熨帖。

黑夜，是一种包容。于黑夜中，世人可以卸下白日的武装，脱下防备的战袍，将所有隐匿于心底的狼狈，倾倒给无垠无底的黑夜。这茫茫天宇，浩渺长空，亦收容了李商隐在车水马龙处不愿启齿的儿女私情，让他在夜中蘸着一瓢月光，深深相思。

那广寒宫中，所居为华堂锦阁，所穿为绫罗绮布，所饮为琼浆玉液，而这不过枉锁了一帘寒梦罢了。嫦娥本可与后羿做一对平淡夫妻，坐看市井烟火，安享粗茶淡饭。即便生命的长度有限，终可尝尽褪去浮华的幸福。而她却偏偏独自吞食了西王母赐给后羿的长生不老药，得以白日飞升，位列仙班。自此，生命有多长，寂寞就有多久。月宫的华丽，仿若是为了反衬她的千年孤独。

李商隐不禁猜想，如若嫦娥知晓她当初的贪念会落得这般结局，定然不会如此任性。然而，世间从不存在假设，沧浪之上无论如何也钓不回逝水的昨天，一旦选择，便没有反悔的余地。她只得日日遥望徒有星光璀璨的天河，怀念昔日或欢欣或悲伤的往事。

诗人哀叹嫦娥，又何尝不是在倾吐自己的悲凉情怀。

年少时，最易说出永恒，也认为相爱即要厮守是理所应当。当深情最终凝成一团触不到的回忆时，也最难释怀。故而，当佳人在李商隐心中偶然停泊，又起航时，他便染指了千尺深的孤独，便觉得无论天上地下，顿时皆荒芜一片。

四季不随人心而转，秋冬春夏的流转也各有规律，而失意的人却固执地认为，那个聚拢光华的人在转身离开时，也将好风光一并打包带走。她走之后，他的世界只剩下夜的黑，只遗留了堪与嫦娥相比的寂寞。不是所有的江河都能到达海洋，也不是所有的愿望都有清晰的形状，这个道理李商隐不是不懂。他也想找回在江南生活时，那片澄明的心境，那方秀丽的好风景。但爱情就像是泥沼，越是挣扎，便陷得越深。这脆弱的坚强，就好像瓦斯用尽前异常透亮幽蓝的火苗。

就算时间可以将往事冲淡，却似乎留下了比原本更为诗意的感觉。世人总是用微弱的想象，给那段本可以渐渐黯淡下去的时光，反复上色，以让它愈来愈饱满、丰腴。诗人除却用轻灵的想象复活往昔，还有动人的笔墨。

被思念逼迫得太紧时，那欲说还休的思念，反倒附着了更为强劲的力量，犹如海上的浪头触到峭立的礁石后，又纵身一跃，便猝不及防地扑上了海岸。这一次，李商隐一起笔便吟出了她的名字——宋华阳。

偷桃窃药事难兼，十二城中锁彩蟾。

应共三英同夜赏，玉楼仍是水精帘。

——《月夜重寄宋华阳姊妹》

作这首诗时，想必这场只在暗夜发出过微弱余光的爱情已然尘埃落定。在它重重落地之后，人们听到的不过是它发出的沉闷声响，看到的也不过是泛起的细碎尘埃。那时的情、景虽有余味，毕竟已无法还原。所以李商隐才敢大胆地念着她的名字，将内心纷纷扰扰的企盼，小心翼翼而又无所顾忌地折叠成一首诗。

沉默得太久，无非是两种结局。或许会就此销声匿迹，像是从未发生过一般；或许会以银瓶乍破水浆迸之势，迸发出震人心魄的能量。在这首诗中，李商隐像是要为此前的缄默做出所有补偿。在诗题中，他不仅点出她的名字，且说此诗为重寄。

李商隐为她写诗寄情之时，当是一个温柔而宁静的夜晚。明月高悬中天，月光也仿佛充满了柔情。月越明，夜越亮，思念越是无处藏身。室内亮着昏黄的烛光，将李商隐的影子映在窗上。光是有形的，所有的事物都是它的形状。思念也不是无形的，那些落在纸上的墨、吟在唇齿间的诗，都是思念的形状。十六七岁的李商隐握着毛笔，将万千心事，一横一竖、一撇一捺写进信中。他的信写得用情，递到对方手中时，她也定然读得用心。

每一笔字迹都是心迹，每一首情诗都是相思。因李商隐第一次写给宋华阳的信笺，并未留下只言片语，世人也无从知晓彼时他用了几分情、几分力，只知顺着时光的轨道不断攀升的情愫，到这一次重寄时，似乎要漫过他的身心溢出来。在爱情中，逃避看似是为了躲避伤害，却像一把钝匕首，让伤口血肉模糊。唯有面对，让它溶解于心，如同盐消失于水，方才得到

解脱。事到如今，李商隐已经明了爱情与修炼难以两全，就像阳光与微雨不可兼得，荒漠与湖海无法融合。舍去的同时，未尝不是在获得。

然而，道理虽是两瓣嘴唇上下一碰即能获得，做起来却如在筋疲力尽时攀岩走壁那般艰难。李商隐这份挣扎，在千百年后，到了仓央嘉措身上，更是有增无减。情缘佛缘，他明明有取舍，却如何也挣不开，解不脱，如海藻一般纠缠不休。他转山转水，转了一世又一世，将佛当成思念的依托，如同那万千藏民一路叩首只为平安和乐一样。

问世间，谁能逃脱命运阴差阳错的安排。仓央嘉措本是活佛，却恋上了美丽的姑娘，落了一身哀愁；李商隐走进玉阳山，不过是为了学道，却晕染了满心蔷薇色，酿造了醉人又苦涩的陈酒。一个在情与佛之间，一个在情与道之间，仓央嘉措问："世间安得双全法，不负如来不负卿？"李商隐安慰自己："偷桃窃药事难兼，十二城中锁彩蟾。"如生得同时同地，这样的两人相遇会擦出怎样的火花？

遗憾的是，隔着几个世纪，他们并未在将要落雪的黄昏，在落英缤纷的杏花树下，倾听彼此的心事。于是，在知己难得的世间，他们选择了最为稳妥的方式——将故事埋进心里或写进诗中。

窗外一帘凉风，一剪弯月，窗内烛火摇曳，素白纸笺上毛笔蘸墨，写下满砚相思。篆体也好，草书也罢，龙飞凤舞或横平竖直落在纸上，无非是一个"情"字。嫦娥被锁在月宫，宋华阳被困在道观，纵然此时月华柔润似水，珠帘晶莹透亮，因不能相会，也不过是良辰美景空负。深情无法丈量，时间却有限度，此时学道之途已走到尽头。

下山时，李商隐手中的行李一如往昔，心中的包袱却增了砝码。回首那座仙雾缭绕的玉阳山，好像是邂逅了一场前世旧梦，犹如贾宝玉困怠时，在秦可卿的闺房中睡着，悠悠荡荡进入太虚幻境一般。

或许，这一切真真切切存在过。或许，这只是闲来无事之人编就的传奇。但无论如何，李商隐在少年时写下的这些锦绣诗句，已然为我们开启了一扇探究的窗棂，窗外景致如何只随自己的心意，毕竟，得见了即是一种风景。

此岸樱花满枝，彼岸已成秋水寒烟。只用一个转身的距离将这些都甩在身后，或许有些残忍、仓促，但这个不经世事的少年，已经风尘仆仆地再次起程，去寻找另一处有关人生的谜底。

或许遗忘，正是留给往事的最好的纪念。

骥遇伯乐，初入幕府

时光匆忙流逝，山河渐次更改，那些已经沉淀在生命中的前尘往事，已经被守候成至美的风景。纵然留恋，也不必回首，毕竟人生的旅程是一张单程票，暮色四合，烟云收卷时，它们也就沉入湖底。而将来那些未知的际遇，还需要我们走几程山水，去寻觅，去遇见，以唤醒尚且沉睡的梦。

无论结局如何，行走的过程以及途中的风景，皆是生命的馈赠。况且转角处的柳暗花明，总会发出幽幽的余光，引诱着不辞尘埃的人们，走上不知归程的小径。

走过少年的无邪、豆蔻年华的懵懂，此时李商隐手中可供挥霍的年华已所剩无几。身为长子，整个家族的命运如同爬山虎的藤蔓缠绕全身。抄书与舂米的活计，纵然能暂时解决温饱问题，但时日一长，难免会出现困窘。况且，他身上淌着与皇室宗亲同属一脉的李氏血液，他的使命当是光耀门楣，且复兴大唐。

正当他的前途如黄昏的烟霭一般，迷迷蒙蒙看不清来路时，有一颗北极星不偏不倚地落在他的头顶，让他仿佛失明的双眼，乍然看到了曙光以及正北的方向。世人并不知晓缘分为何物，但它总是来得那么恰如其分。就好像春日的一场甘霖，夏日的一缕清风，秋日的一排雁阵，冬日的一掬落雪，来时缄默无言，去时又寂寥无声。李商隐遇见指引他走上仕途的这颗北极星，正是缘分使然。

唐文宗太和三年（829），令狐楚出任东都留守兼东畿汝都防御使，此人自幼便有神童之称，自二十岁及第之后，便一直官居高位。更为难得的是，他才情横溢，诗文兼工，尤好辞藻华丽、对仗工整的四六骈文。令狐楚这一次的任职，在汲汲渴求功名以振兴家族的李商隐心中掀起轩然大波，好似这一切都是冥冥之中的安排。

唐代时颇盛行卷之风，尚未成名但又想崭露头角之人，总会挑选自己平日的得意之作，投献给当地长官，以期赏识和提拔。然而并非所有的长官都懂平仄相对的诗文有着怎样的魅力，亦不是所有的青年都才华横溢且不卑不亢。故而，这种行卷之为，多半在礼节性的寒暄之后，便沉于大海。

却偏偏没有早一步，也没有晚一步，千里马恰巧遇见了伯乐，世间便有了让人击节鼓掌的相逢。春秋时，秦穆公雄才大略，任人唯贤，故而百里奚得以内外安缉，使得秦霸西戎，成为诸侯争霸中举足轻重的一方势力。楚庄王明察秋毫，以慧眼从稠密之众中识得孙叔敖，楚国便出现了“家富人喜，优赡乐业，式序在朝，行无螟蜮，丰年蕃庶”的全盛时期。

于是，当李商隐拿着名噪一时的《才论》和《圣论》，拜见诗文行家里手令狐楚时，自然犹如竹笋着雨，幼鸟添翼，那些诗情，驱散了李商隐黑夜中的挣扎。

自此，李商隐成为太平军幕府巡官，做了令狐幕府的僚属。“有善驹方显百马尽驽，无慧眼岂有千里之行。”就这般，令狐楚为李商隐举起了一萤星光，引着他走进了这个繁华又苍凉的人世间。在遇见令狐楚之前，虽然江南的岸柳红花、玉阳山的缥缈仙雰，皆在李商隐的人生幕布上落下了浅淡色泽，但他仍不失为一张素白纸笺，令狐楚在纸上滴下的这一滴墨水，晕出了一片新的天地山河。

与令狐楚往来的皆是朝中名流，而李商隐却以白衣坐于宴席之上，难免成为众人眼中的焦点。琴瑟歌舞、觥筹交错，不消几时便已携了三分醉意，七分柔肠。既然众人是乘兴而来，必然也会尽兴而归。眼前这满目繁华、流光溢彩，一落入李商隐的心中，便会摇曳出辞藻绚丽的诗。遮掩不住的才情，雅致有韵的风姿，时常引得举座拈须赞叹，就连斟酒的红颜佳人，也偷偷为他倾心。

罢执霓旌上醮坛，慢妆娇树水晶盘。

更深欲诉蛾眉敛，衣薄临醒玉艳寒。

白足禅僧思败道，青袍御史拟休官。

虽然同是将军客，不敢公然子细看。

——《天平公座中呈令狐令公》

窗外的月亮在云中悄然穿梭，斜风拂柳而过，此时三更已过，令狐幕府中仍是灯火辉煌。诗酒趁年华，在这有限的时光中，尽可秉烛夜游，不问白天黑夜。虽然此时大唐的气数已然微弱了许多，但筵席上的华丽之象却毫不逊色。

高歌一阕，美酒一樽，这通常为筵席喧哗的开场。众人在饮酒赏乐、言谈欢笑中，不知不觉添了醉意。况且今日捧玉盏的佳人，薄妆淡抹，比往时更有一番风韵，竟比美酒还醉人。

她黛眉微蹙，眼如秋波，衣薄似纱，刚一出场，便以清艳绝俗之姿，单薄凉寒之态，瞬间聚拢了众人眼球，周遭的嘈杂倏然间就销声匿迹。当她如一株玉树在水晶盘中，慢慢伸展枝叶，跳起曼妙舞蹈时，谁能不沉沦？她的纤细腰肢如同风中婀娜摆动的柳枝，令在场的每一个人都暗暗称奇，无法移开视线。一曲终了，管弦尽停，她亭亭独立于舞台中央，连舞步拢起的芳尘也不再浮动似座中观者，目不转睛地欣赏着这一幅美人静立图。

在这情致跌宕的氛围中，李商隐因满足于当下的境遇，也醺醺然醉了。然而，醉人自有醉语，面容微红的他，仍不忘戏谑一下同座的蔡京。他早年为僧徒，得到令狐楚的知遇后，便还俗踏上仕途之路。如今，当他看见佳人在侧，所想所思定然坏了僧者规矩。不仅仅如此，就连那步步高升的青袍御史，亦有休官而携美人归隐之意。

其实又何必去戏谑旁人呢，李商隐自已那醉眼迷离的神色，那游荡在克制和欲念中的挣扎，早已泄露了他的爱慕。

但他知晓，缘分有定数，有些人不必拥有，相遇即该满足。就像一朵水中花，只能远远观赏，一旦攀折下来，便失了韵味。给彼此留一些可供呼吸的距离，看似遥不可及，反倒是另一种形式的长相厮守。李商隐这首呈给令狐楚的诗，是一幅浓淡皆宜的场景。诗人淡淡勾勒的是喧哗的酒宴，极力铺陈的是佳人出水芙蓉般的芳姿。而他自已的心迹却以一句“不敢公然仔细看”轻笔带过，泼色不多，却是最自然的所在。

此时李商隐在令狐楚的幕下，羽翼渐渐丰满。纵然此前在处士叔的教诲下，他只习得一手出色的古文，对时下流行的骈文不知分毫。但令狐楚倾情相授，再加上李商隐悟性极高，时日不久，他便将骈文技艺融化于心。

世间最美的事，莫过于年华正好，且有梦可做。李商隐身为令狐楚身边的红人，结交的皆是朝中重臣，又有大把才情相倚，参加科举，进入仕途，而后位极人臣，当是顺理成章之事。此时，犹如久雨初晴的一缕阳光，霎时将笼罩在他心上的那层云雾驱散。未来，仿佛已经清晰可见、触手可及。李商隐深知，这种真真切切的幸福与满足，都是令狐楚所给予的恩赐。

微意何曾有一毫？空携笔砚奉龙韬。
自蒙半夜传衣后，不羡王祥得佩刀。

——《谢书》

李商隐自认为此时已学得作文绝技，万事已然俱备，又有令狐楚这缕东风相助，前途自然是顺风顺水。他用佛门禅宗五祖弘忍深夜将衣钵袈裟传给六祖慧能的故事，比喻自己从令狐楚手中获取了写作骈文的三昧真传。即便晋代“位至三公”的传奇人物王祥，有上司赐予的佩刀，并且预言他将来必然高登台辅，李商隐也丝毫不羡慕。

然而，站得越高，失足时就会摔得越重。年轻的李商隐并不知晓，命运在哪一处埋下了伏线，也并不懂得此番春风得意，正是日后尴尬的起源。此时，他只是拥着满身落英，尽兴地做着白衣少年。

几度落第，忍剪寸心

每个故事都有起端与后来，开始是姹紫嫣红皆可开遍的江南，是草长莺飞柳浓时的三月，而后来不过是一场寒雨浇湿了一颗炽热的心。那一地的落红，正是我们潸然而下却又无处安放的惆怅，也正是我们不愿承认却又面目全非的事情。

世人皆知人生必经得起浴火的淬炼，方才迎来澄明的境地；凡事附着了淡淡遗憾，日后忆起来才有余味；多走几个弯路，才能看到非常之景。太过顺遂的人或事，反倒失却了令人着迷的气质。然而，偌大世间，有谁会期许一直走在弯路上风餐露宿，受尽人间苦楚呢？

人们不过是爱置身其外，隔岸观火，火势越是旺盛，便越看得津津有味。待这熊熊火焰烧到自己身上时，通常会换作另一种情势。旁人痛楚的经历，常常是饭后的谈资，而自己起伏的途程和深深的执念，只有自己能和着酒菜，尝出酸辣滋味。

在李商隐所在的时代，才学与权势是一般士子所能演奏的最堂皇的旋律。虽然此时他已是天平军幕府巡官，对未来的畅想灿若群星，但在群星环绕下最让人心动旌摇的那轮圆月，他还未曾获取。欲要进入仕途，手捧百年封妻荫子的荣耀，必得参加进士科举。

读书、科举、入仕，这是渗入古人血液的念头，是解不开的心结。虽然科举路上自古就尽是悲壮之事，但仍有文人如扑火飞蛾，前仆后继。

自唐太宗继承并发展了隋朝的科举制，从此给天下寒门学子铺设了一条飞黄腾达之路，也设下了令文士耗尽毕生心血的陷阱。难怪唐代诗人赵嘏曾有诗云："太宗皇帝真长策，赚得英雄尽白头。"不知是衷心的赞誉，还是无奈的嘲讽。通向无限荣光的仕途像一座奈何桥，无数人拥挤而上，相似而行。

对那些暮年白首才换一袭青衫的旧典，李商隐自然不会陌生，但他此时一点也不担心。科举就好似不远处挂在树梢已然红透的果子，他只需要坦然走过去，踮起脚尖便可以收入囊中。天赋的才华、积淀的学养，天时与地利都已具备，再加上恩师的指点，人和也名副其实，这一场无硝烟的战争，似乎志

在必得。

于是，太和五年（831），在令狐楚的接济下，李商隐起程参加科举考试。自洛阳起程，他一路走一路憧憬，路过的风景渐渐在身后模糊成难以辨别的印迹，像一砚浅墨被清水晕开。他无暇回头，只顾向前远望，满怀着一腔迫切期待，抵达长安，参加考试。

李商隐风尘仆仆地闯入大唐帝国的文化中心，迎面撞上的就是分外光明的前途。文官能在中央朝廷手握重权，为君王出谋献策，亦能担任地方长官，造福一方百姓。权财两得的原始欲望，光耀门楣的家族梦想，名留青史的精神诉求，看上去都极易在瞬间成为现实。虽然还未及第，就好似已然高中了一般。

古来凡踏上科举之路的人，有几人不认为自己有惊世之才，定能在庙堂上一鸣惊人呢？不过最终多半成了空想而已。李商隐踌躇满志地走进考场，将才情化作文字，淋漓尽致地挥毫泼墨。走出考场，盛大、美丽、繁华的长安又忙不迭地撞入眼帘。自信如他，本以为揭榜之日，定然会一朝及第、金榜题名。然而，他并没有摘到枝头的果实，只任它们在脚边落了一地。此前的翘首以盼，终落得个竹篮打水、镜花水月。

是李商隐无才吗？非也。怕是他并不是输在无才，而是旁人眼中的“无德”。

按照唐代科举选拔风俗，除却才情，亦讲究人情世故，即投卷推荐。考前士子们总要挑选出平日的得意之作，凭借自己的人脉，或是投送礼部，或是投送给达官公卿代为推荐，以博取考官的好感。所谓近水楼台先得月，即便不能保证定然春风得意，至少不会亏得血本无归。

却偏偏，在人人皆爱牡丹的唐代，李商隐非要做一朵濯清涟而不妖的莲花，不张扬、不谄媚、不冶艳。故而在连续五年的科举考试中，黄金榜上都遗漏了他的名字。“居五年间，未曾衣袖文章，谒人求知。”此中有愤懑，更多的是无奈。

嫩箨香苞初出林，於陵论价贵如金。

皇都陆海应无数，忍剪凌云一寸心！

——《初食笋呈座中》

令狐楚已经为他打开了一扇人脉大门，只需要他放下身段，弯腰向考官献上几首小诗便可一飞冲天。但执拗的士子性子，向来孤傲清高，为五斗米折腰的事他无论如何也做不出来。于是，他本乘青云而上，却突遇疾风骤雨，硬生生地就被扭转了方向，这其中的辛酸百味，便有锦心绣口也吐露不出，只能吞声饮泣，强咽苦果。

就如那青嫩溢香的初生之笋，生机勃勃，只需要一场春雨，便可以在幽谷深壑中长成参天茂竹。但因其鲜嫩可口，食者甚多，故而只得以黄金之价送上筵席，做盘中之餐，以取悦食客的味蕾。

言及此，李商隐的语气，已有了微微颤动，但终究还小心翼翼地藏匿着。然而，当他由嫩笋推及自身时，这掩盖着的悲哀便一圈圈荡漾开来，寸长的笋芽被世人剪去，自己的梦想也被考官放逐，昂扬九霄的机会便这般在推推搡搡中，受尽了命

运的嘲弄。

此时正处于青春黄金时期的李商隐，并非唯恐旁人说自己浅薄，便只好戴上忧伤的面具，“为赋新词强说愁”。于他而言，愁绪好像他与生俱来的气质，虽然这愁没有实实在在的分量，却是一种无法排遣的沉重。当他怀揣着金榜题名的期待踏入考场时，并没有想到此后会三番几次地无功而返。于是，这种被抛弃的感受，落到纸上便成了一种结结实实的辛酸。

但也正是因为谁都无法预知后事，生活中才会有那么多惊喜和失落，才会在阴晴变化间显现出更加瑰丽的色调。几度落第的李商隐，好似着了雨的海棠，不堪蹂躏而残红狼藉。恰恰此时令狐楚接到检校右仆射兼吏部尚书的任职，李商隐因愧对恩师，并未跟随至长安，而是回到洛阳故里。

雨后海棠纵然绿肥红瘦，仍是花姿潇洒、清香犹存。李商隐即便受了科举风霜，依然诗情飞遄、浪漫如初。故而，他还是能从人群中脱颖而出，入了当地新任刺史萧浣的眼，并在萧浣的延誉和引荐下，结识潼关防御使兼华州刺史崔戎，并被聘为幕府掌书记。

事有凑巧，崔戎竟还是自己的远房表叔。萧浣的力荐、血缘之间的情谊，都让他荒凉的心暂时有了可以停泊的港口。无论是令狐楚还是崔戎，都在恰当的时刻，为他送来了冬日的炭火、夏日的清风。

他以为半路折断的梦，又有了嫁接的时机，但这不过是命运又一次残酷的捉弄罢了。

太和八年（834），崔戎迁任兖海观察史，才华斐然的李商隐也跟随而去。殊不知，看似风和日丽的好天气，倏然间就疾风劲雨。刚刚上任一月有余，崔戎就因操劳过度及水土不服，不幸染病身亡。

失却了彼岸的灯塔，李商隐又成了海中的小舟，摇晃颠簸，朝不保夕。原来，世事无常，谁都不是谁的救赎。人生的沧浪之河，终究要一个人渡过。

竹坞无尘水槛清，相思迢递隔重城。

秋阴不散霜飞晚，留得残荷听雨声。

——《宿骆氏亭寄怀崔雍崔衮》

有人曾说，平静、圆润、达观，是做人该有的姿态，但这并非艺术的特质。真正震动人心的艺术，总是与人灵魂深处的痛楚和起伏相关，与深深的执念相连。就像李商隐创作的这首诗，寂然、萧索、彻寒、凉薄，每一笔都是景，但字与字之间，却暗含着无法释然的情。

就连耍着高傲孤僻小性子的林黛玉，读到李商隐这首诗，都要说上一句：“我最不喜欢李义山的诗，只喜他这一句‘留得残荷听雨声’。”这“残荷”写尽了林黛玉的气质，亦道明了李商隐的人生憾恨。

在崔戎去世后，李商隐又参加了一年一度的进士考试，但仍做了科举中的一只蝼蚁，被人生生踩在脚下。携着一身风霜，他在由长安回家乡的途中，停宿骆氏亭时，往事便顺着浓郁的深秋幽幽袭来。

与其触碰那些已化为尘埃的回忆，倒不如观赏眼前之景。故而，在崔戎幕府中那些温暖柔润的日子，李商隐并没有提及。他只是用研得刚刚好的淡墨，将临水而建的轩亭落在了纸上。起笔所点到的“竹坞”明净雅洁，“水槛”澄澈清华，读至此，只觉此地杳然深碧，的确为不错的去处。

但这不过是一种情感的蓄势罢了，外物的波澜不惊，正衬托出了内心的风起云涌。一句“相思”，正是无可辩驳的佐证。崔戎一去世，李商隐便成了断线的风筝，在摇摇荡荡中倾斜而坠。

带着情绪去观景，山河天地皆染了心灵色泽。无尘的亭轩以及碧澈的清水，皆因无人问津而起，萧瑟的深秋、浓郁的阴云、苍茫的冷霜，都与心灵相暗合。更惊人心的是那一池的枯荷，那滴滴饮泣的雨声。此时的李商隐并未修得行到水穷处、坐看云起时的本领，这个连空气中都弥漫着萧索味道的傍晚，只让他觉得自己身如飞絮、命似断蓬。棋盘上一招走错，或是满盘皆输，或是绝处逢生杀出一片新的天地。人生亦是如此，李商隐本可以伸出手将功名利禄揽入怀中，可是偏偏阴差阳错，总有人无情地撤去他脚下的云梯，于是他也就不容易避免跌落深渊的命运。

所谓失之东隅，收之桑榆，他的仕途之路走到了死胡同，但诗歌在绝境中开出了最为绚丽的花朵。

行走途中，每个不经意的片刻，都是命运的线索；任何纤微的细节，都是人生的转折。无法洞彻其中玄机，亦不能将结局改写，生逢末世的李商隐，唯有以笔为指引，继续上路，不问前方是雨是晴，不管内心是欢愉或疼痛。

卷二　且将忧思寄秋风

落英满身，花期终误

人越年轻，自我疗伤的本领就越强，即使独自舔舐伤口后会留下深浅疤痕，但一切不幸终会随着天际流云、山谷雾霭慢慢地消散。李商隐青春正年少，人间亦花正红，实在不必为了落第便一蹶不振。在与厄运相抗衡的过程中，他还有很多机会将此前所失去的一一收回囊中。

况且此时，他已凭着辞采华茂的骈文，声名鹊起。无论是物阜民丰的长安城，还是有人情味的地方小镇，提及李商隐这个名字，都是一片赞叹之声。有人追捧，有人惦念，已足够填满他年轻且张扬的虚荣心，若再遇见一段你情我愿的爱恋，实乃有幸。

有些邂逅，无法预知；有些脉络，漫漶不清；有些结局，难以释怀。而我们要做的，不过是在遇见之前悉心等待，在相恋时投诸身心赤诚相对，在告别后仍怀感恩。

或许是幸福来得太过迅疾，让他彷徨得不知该如何拥抱这种喜悦；又或是爱得太过深切，深切到自私，自私到不愿分享点滴欢愉，唯恐遭到岁月觊觎，李商隐将这一次的恋爱又编成了没有答案的谜语。

时间是何时，发生于何地，女子为何人，他通通上了锁，像是要独占这段爱情似的，决心要将这一切付诸从不倒流的江河，只是用笔墨营造了一场淅淅沥沥却又不停歇的雨，隔着雨帘，身在其中的人看不清窗外的世界，置身其外的人也无法明晰内在人事。唯有夹在中间的雨，唯有绮丽、迷惘的诗，用缄默无语保持着那场爱情的魅力，让好奇的人们去幻想、去猜测，去填补那些留白。一切看似了无痕迹，却又澄明无比。

即便水滴最终融于沧海，消失不见，亦有存在的意义；飞鸿偶然驻足雪上，总会留下飞过的印迹。线索虽时断时续，被枯枝烂叶深深掩埋，待秋风乍起时，寻觅之人总能发现零星启示。故而，李商隐这场费尽心机抹掉的花事，还是被同样多情的人们牵出了蛛丝马迹。

两人大概于繁花簇拥、江水碧澈、流云轻浮的湘川一带相识，景致清明如许，现实染了梦境色调，又有佳人携手，当真是人间盛宴。然而，命运的洪流总是将世人卷携至远方，此前的相遇好像生来即是为了此刻的别离。以心相许的恋人在宿命面前终究太过渺小，之后伊人去了岭南，成了锁在水中央的女子。而李商隐只得在蒹葭苍苍中，远远张望。

风光冉冉东西陌，几日娇魂寻不得。
蜜房羽客类芳心，冶叶倡条遍相识。
暖蔼辉迟桃树西，高鬟立共桃鬟齐。
雄龙雌凤杳何许？絮乱丝繁天亦迷。
醉起微阳若初曙，映帘梦断闻残语。
愁将铁网罥珊瑚，海阔天宽迷处所。
衣带无情有宽窄，春烟自碧秋霜白。
研丹擘石天不知，愿得天牢锁冤魄。
夹罗委箧单绡起，香肌冷衬琤琤佩。

今日东风自不胜，化作幽光入西海。

——《燕台诗四首·春》

纵然这首诗历来难解，但由于它具有华艳芬芳的辞藻、缠绵悱恻的情采以及热烈的感染力，读者从未却步，反倒因为它既哀感绝艳又笼罩了一层朦胧神秘的面纱，更让人着迷。犹如人们说不清美是何物，却深深为它倾倒。此诗一经触碰，人们便会为它的惊天辞采所折服，哪里还顾得上探求它所写究竟何事，所咏到底何情，怀念终归是何人。只须知晓，他极力渲染的无非是一个“情”字。

春风送来和着阳光明媚味道的杏花醇香，柳树拂面划下一道道不规则的弧线，偶有蝴蝶翩然飞来俏立枝头，一切都挑不出哪里有丝毫缺憾。但老子有云，“福兮祸之所伏”，正是因为眼前之景太过完满，反而无端牵扯出了李商隐的悲伤。

他也曾如《诗经》中痴情的男子，涉水而过，溯洄从之，却始终划不到伊人那片水域，觅不见佳人芳踪。纵然他殷勤似蜜蜂，识尽千条枝丫，遍寻万簇嫩叶，依然一无所获。追寻不到又不忍放手，怕是爱情中最为可怕的诅咒了。颠来倒去万千猜量，反反复复追索企盼，始终无法相信此前生离已如死别——那个在最美时节给他带来最美时光的人，再不会回来。

回眸过往，只觉心灵的原野上已然布满荒草。在这荒烟蔓草般的记忆中，最绮丽最温暖的一幕，当属桃花树下两人的相遇。那一日桃花开得正盛，她梳着高高的发髻站在树下，好似这满树的桃花皆是她的发饰。桃鬟云髻，两两相映，何分彼与此。旁侧的李商隐看着这“人面桃花相映红”之景，亦不知是醒是梦。那扣人心弦的定格，让他们以为相遇即可天荒地老。

若最好的福气和运气，地老天荒，岂是这样唾手可得的事情？

天各一方时，才知道他不过是一片湖海，而她不过是天上的浮云，一阵风可以让她成为倒映在湖心的云影，亦可以让他们丝毫无关。如若狠心，舍得遗忘，也不失幸事一桩，却偏偏昔日恩爱情缘如同抹不掉、斩不了、挥不去的眉心朱砂，让留下来的人背负着雄龙雌凤遥远相隔的悲伤，在柳絮翻飞的春暮，内心迷茫无依。

既然醒时日子难挨，索性就在酒中醉一番吧。人生得意时要饮酒，落魄时更要痛饮，豪情满怀时当以酒相佐，郁郁不乐时须借酒相忘。当初竹林七贤就是在酒中飘飘欲仙，做若水清谈，以躲避现实之痛的。李商隐也将自己的惆怅沉在了酒樽中，醉了个无止无休。如若可以这般倾尽一生年华，又有何不可？

但哪有不流的沙漏，哪有不醒来的醉酒，最怕伴着清醒而来的是更为蚀骨的悲伤。李商隐午间酒醉初醒，斜阳斑驳映帘，迷迷糊糊中就错把黄昏之时当作清晨阳光初熹。旧欢难散，断梦难拾，而李商隐却固执地不愿睁开惺忪的睡眼，想要再一次温习梦中的切切细语。

追求，仿佛是痴情人的天赋使命，无论是寻觅一剪秋风、一轮孤月、一枚红叶，还是一段旧梦，他们都不问结果，不诉艰辛，只遵照心念的驱使，以自己的方式，一意孤行。既然此

时已无梦可做，李商隐便又在现实中寻寻觅觅，以期蓦然回首时，她依旧是站在桃花树下等他前来搭讪的女子。年轻的人，总是不能及时领悟珍惜的意义，待他们懂得深情的珍贵时，却已不再年轻。许是因为愧疚，又许是因为不甘，从古至今总有络绎不绝的人，在回忆中醉生梦死。

琴声已散，弦犹微振；舟已行过，江留波痕；爱已陨灭，犹有余味。中了爱情的毒，李商隐也丢失了那一份天赐的聪慧，将落第的悒郁、崔戎的去世，通通抛诸脑后，只是一门心思地顺着往事遗留下的沉香，痴痴地寻觅。

想东想西，仍寻不到出路时，李商隐竟然想用铁网缠住珊瑚那般，网住佳人身影。无奈海阔浪高，他浸湿衣衫，也未能如愿以偿。

衣带本无情，但宽窄肥瘦里可以看出世人情深情浅。李商隐因蚀骨思念而瘦损，衣着在身便也空空荡荡起来。春烟自碧，秋霜自白，黄叶自落，时光自逝，大自然中各有去留，各有等待，全然不顾世人的欢愉或悲伤。而为情自伤的人，却在节序的变换中，惶惶然乱了心神。

爱情中，愈是执拗，愈是情深，也就愈贪心。回忆、相思皆无一能破贪心之局，唯有占有方是终结，情到极处，李商隐甚至希望有一座天牢紧紧锁住佳人迷失的魂魄。却道是天难遂人愿，纵然李商隐赤诚之心堪比研丹擘石，终究是追不回过往时光半寸。

所谓相思者，正是可望而不可即，可见而不可求；虽辛劳求之，终不可得。但思念是瘾，无药可解，纵然人们知道兜兜转转后，仍是一无所获，却还是会在月亮升起的晚上，任怀念的笛子吹响。李商隐想着在这暮春时节，她当已脱去夹衣换上单衣，玉佩琤琤正衬得出她的香肌玉骨。

东风留不住春日，深情挽不下伊人，这青春年华终究化作了幽情苦思，随着逝去的春光，沉入西海，日后不要再触碰，不要再想起。

埋葬，或许是装帧往事最稳妥的方式。王蒙曾说："李商隐能把哪怕是很悲哀的、很消极的情，或者说是很郁闷、颓废的情绪，经高度充分的审美化后，让人感到很美，把郁闷、颓废的情绪修建成美轮美奂的宫殿，令人叹为观止。"李商隐的笔，似乎有着一种魔力，能够化悲哀为唯美，可以变惆怅为绮丽。纵然日后西昆诗派循着李商隐的脚步，在典丽精工、深情绵邈的诗歌领域走了一程，不过是学会了堆砌辞藻，落了个东施效颦的下场。

因爱而不得，年轻的李商隐整颗心浸在哀愁中似乎透不过气来。他本想如《子夜四时歌》那般，依着四季相思的格调，吟咏心中的怅然若失。但一落笔，满篇却是龙鳞凤羽之辞、行云流水之意，刻意雕饰却又全无痕迹，这鲜妍、绮丽的铺衍，险些将弥漫的忧伤掩盖住了。

泼墨越深时，情也就越浓重。那些繁茂的辞采，正是他恣意的怀想。此时他还不懂为何这一场爱恋像是沙丘上的图案，经不起西风来袭。

相爱之时，世间并没有荒芜，毕竟，从花丛中穿过时，他已落英满身。只是这一切，还待他在时间的漫漫长河中去领悟。

柳枝何处，哪复相思

古时婚姻，须讲求父母之命、媒妁之言，且与门第息息相关，无论婚后生活幸福与否，它都具有顽强的生命力。而在自由恋爱中，无论彼此存有真情，抑或是逢场作戏，只要与长辈意愿相违，则往往无疾而终。家族名声与文人道统，哪里容得下半分亵渎。

想那陆游与唐婉，两人琴瑟和鸣，感情笃厚。然而好景不长，陆游迫于母命，便一封休书与爱妻仳离。自此两人落得天各一方，你在你的世界里纠结烦忧，我在我的天地里抑郁难消。世情薄，人情恶，说不上是谁的错，只因世俗的条条框框能漠视他们的恩爱缱绻。

纵然卓文君与司马相如以琴定情，勇敢超越了传统藩篱，完成了一场轰轰烈烈的私奔之旅，但这千古佳话，也是后人冠上的高帽，于当世，卓文君当垆卖酒时，定然也受过冷嘲热讽，定然也曾让父亲深感羞耻。

可叹，世间情爱种种，往往并不全由个人做主，犹如一场折子戏，情节总是跌宕起伏。但正因台上之人毫无吝惜地展现了哀伤与惆怅，待到曲终人散后，心中亦有深情回荡。有些故事一言难尽，道尽时却往往已渡到对岸。站在彼端回望昔日，才恍然明白起初的相遇，就已然注定了结局。然而沉浸其中的人，心中燃着熊熊火焰，只是一味期许着天涯海角的长相厮守，哪里有暇顾及前方之路早已折断。

所以，世间从不乏以飞蛾之姿葬身火海之人，李商隐刚刚从上一场火海中逃离出来，元气还未恢复，就又纵身跳入另一场覆灭之中。以爱为食、以情谋生，似乎是他与生俱来的天性。纵然遍体鳞伤，也不曾退却半步。大不了就将这些烈焰，研成浓墨，泼成一首沉博绝丽的诗。不用顾忌旁人是否看得懂，只要足够美、足够艳，一切足矣。

这一次李商隐恋上的女子名为柳枝。柳枝，许是美人真名，许是诗人无心泄露她的芳名而随心以碧柳做了指代。无论如何，他敢于并且甘愿在卷帙浩繁的诗中倾吐出她的名字，想必这份爱带给他的触动，更为热烈，更为激荡。

柳枝生于富商之家，深受父母宠爱，在秋千架上摇曳着自己的青涩年华。在清风拂窗的午后，她也偶尔翻几页诗书，写几笔道不明的心事。如此，日子清明静好，相安无事。但自从父亲在行舟湖上，遇风溺水而亡后，柳枝的世界便陡然添了三分墨色，剩下的七分明朗，也被书页中的情事，撩拨得莫名心慌。庭院中的秋千架，渐渐地缠满了青藤。

偏偏是，有人沉溺，便有人前来拯救，爱情往往因雪中送炭而起。

那一日，阳光倾洒，蜂蝶翩跹，燕啄新泥，偶有几缕春风递来几瓣桃花，这般好风光犹如一坛酒，让人忍不住沉醉其中。如若继续闷在小小闺房，岂不是空把时光消磨。于是，柳枝淡妆匀面，着以浅粉色衣衫，莲步轻移走出家门。彼时，李商隐的堂兄李让山亦轻马踏碧草，满眼明媚春光，按捺不住诗情涌动，随口便轻吟起李商隐的《燕台四首》。

世人无法知晓，他低唱的是与眼前明澈春日应景的《春》，是盈满回忆的《夏》，是萧瑟幽怨的《秋》，还是归于岑寂的《冬》。但无论是哪一首，皆辞婉语华、情深义重，都足以让站在柳树下的柳枝，胸中猛然间涌起春潮，这春潮来势凶猛，似要吞噬了她小小的身体。故而，她迫不及待地问："谁人有此，谁人为是？"

是谁有如此执着的爱情？是谁有如此炽热的相思？是谁晕染了扑朔迷离的意韵？是谁写下如此缠绵悱恻、情致深蕴的诗章？是谁？是谁？这种没来由的悸动，不仅让她自己震颤，也让吟诗的李让山颇为惊讶。

在惊讶之余，李让山回答："此吾里中少年叔耳。"

想必柳枝对李商隐是知晓一二的，况且她拥有良好的家学背景，有机会接近诗词歌赋，其后父亲的亡逝所带来的坎坷，又给了她独特的生活体验。于是，听到虽然晦涩但意境丰盈的诗歌时，她便将心交付给了诗的主人。

她深知不是被动等待就会收获爱情，羞赧无非是在消磨时间。所以这个大胆果断的女子，当即扯断衣带，请李让山捎给李商隐，以求诗一首。以诗换情，这对李商隐来说，是从未有过的事。他作诗不过是为了遣怀，哪承想会让一个如花女子深深迷醉。第二日，他便在堂兄的牵引下，见到了柳枝。

当初相会的情景，在李商隐心中渐渐淡去，只记得她当初梳着少女半髻妆，抱立扇下，有风拂过，恰恰遮住她半张桃花面。

不是所有的梦想都能开出花来，不是所有的溪水都能到达江海。一层层拨开爱情，才猛然发现，它如洋葱一样没有心，却让世人流了一路眼泪。走了一程，却又回到原点，好像一切都是盛大而空洞的幻觉。用尽全力扑火的飞蛾，又一次遍体鳞伤。为怀念也好，是祭奠也罢，李商隐写下了《柳枝五首》。在诗中开始，又在诗中收尾，爱情的千回百转，常常是这样捉弄人。

花房与蜜脾，蜂雄蛱蝶雌。
同时不同类，那复更相思。
本是丁香树，春条结始生。
玉作弹棋局，中心亦不平。
嘉瓜引蔓长，碧玉冰寒浆。
东陵虽五色，不忍值牙香。
柳枝井上蟠，莲叶浦中干。
锦鳞与绣羽，水陆有伤残。
画屏绣步障，物物自成双。
如何湖上望，只是见鸳鸯。

——《柳枝五首》

时间的河流时时冲刷着浮皮碎屑，使事物的内核渐渐清晰地显露出来，以让世人知晓什么最为重要。却偏偏待到一切明了时，已物是人非，兀自空留惘然与怀念。一切都能过去，但唯有自己回不去，原地开花依然，如何也遍寻不到等待之人。

那一日柳枝抱立扇下，怀着一颗温润澄净如春水的少女心

等待李商隐前来。李商隐如期而至，看到柳枝如花的面容，心中自是喜欢得紧。被仰慕的视线簇拥，被宠爱的目光轻抚，已是莫大幸福，对方又是这般眉目清秀的女子，这让多情又痴情的李商隐心都要融化了。于是当柳枝大胆说出她三日后要去溪边溅裙水岸，以博山香盛情款待，愿他能赴约时，他更是不假思索便应承下来。

时间太过吝啬，倏然间便两鬓生霜，故而要趁着我还年轻，你尚未老去，温柔而真实地去爱，以及同样地被爱。想必这质朴又深刻的道理，柳枝是懂得的。因此，她丝毫不违背心意，未遇见时先求诗，相会后又邀约，她就是这般不留余地地要让这个春天，姹紫嫣红开遍。

可惜的是，她还不懂，爱情中的不留余地，往往会走入绝境。她一个人的力量，终究完不成两个人的承诺。对等待者来说，一日不见如隔三秋，更何况他们的约期为三日。三日之后，溪边的柳枝并没有等到李商隐。

此前李商隐已与友人约好同赴长安赶考，却不料友人恶作剧地偷走他的衣装行李，先行一步离开，去追行李的李商隐最终没有赴约。时光会慢慢告诉世人，有些错过，终会酿成过错。柳枝心中的城堡，渐渐被风腐蚀成一堆沙砾。

如今，她如花蕾，他似蜂巢，犹如两条相交的直线，此前的靠近是为了渐行渐远。雄蜂与雌蝶哪能相爱，海鸥与游鱼怎会相守，虽然彼有情，此有意，最终也是擦肩而过，而后湮没在人海。

有些承诺，无法兑现；有些誓言，难以成真。李商隐与柳枝在无涯的时间中，不过偶然邂逅，离别后本该是他走他的阳关道，她过她的独木桥，又何必以相思捆绑住那颗向阳之心。犹如不小心打碎了心爱的花瓶，哭泣已是无济于事，唯有含着眼泪挖开一片净土，将碎片埋入其中，这般破碎实则是另一种完整。

却道是，有情之人反被情伤。当李商隐决心将这段情掩埋时，堂兄李让山又带来柳枝已嫁关东诸侯为妾的消息。那锋利的碎片，一道道将他划伤。柳枝本如丁香一般，在属于自己的春天，抽枝长叶，含苞吐蕊。可这如玉般冰清雅洁的气质，却做了达官贵人赏玩的棋盘。不平的不仅仅是棋盘，还有李商隐那颗滴血的心。柳枝这朵丁香花，最终也只得在湿漉漉的雨巷里，泣涕涟涟。

世间所有事情皆有最为恰当的时机，一旦耽延，想要挽回便成妄想。纵然李商隐此时已懂得她的美，却再也无法将她守护，任由遗憾点滴成沧海。

想必，柳枝心中也是有过怨念的。在恰当的时刻，遇见最好的人，迎来了她最好的年华，却是幻梦一场。人生若汪洋，对方早已游弋而去，不知去向。刚烈如她，敢于许他花好月圆，就敢于许他后会无期，于是她毅然应允了关东诸侯的婚事，不给李商隐留下一丝回旋余地。感情哪能意气用事，绝境里怎会开出鲜花？柳枝的刚强，换来的不过是她在深似海的侯门中暗自神伤，他在紧紧关闭的门外叹息怅惘。锦鳞之鱼与绣羽之鸟，纵然两两相望，也要在各自的世界里，冷暖自知。李商隐转身看见画屏绣布上，物物成双；放眼湖上，鸳鸯成对。独自一人时，这般良辰美景只让他的悲伤更为扎眼。

日后柳枝怨也好，李商隐悔也罢，这都与当初那段时光无关。世界如此之大，能相遇已是缘分，能让人倾心付出真情，更为难得。最终让人怀念的，多半是那些未完成的与未得到的，追寻路上尝到的千滋百味，便是遗憾所结下的果实。

柳枝的爱、念、怨、恨，都化作了李商隐笔下的诗，纵然纸笺会泛黄，墨迹会变淡，但它仍不失为最好的纪念。

春柳拂堤，意远相随

那些留不下的人和事，在时光中渐渐淡去，却在世人的想象中日益美化、丰盈，甚至比当初更添了一抹风韵。对于此，人们理不清是该庆幸，还是悲伤。浅显的人，总是期慕着将所喜之物，所爱之人，不计代价地紧紧攥住，当梦想捧在手中时，却恍然发觉不若幻想中美好。少许睿智之人，往往会将得不到的悲伤，转化为云淡风轻的怀念，任由那些不属于自己的东西，在意识中为己所有。

缘深缘浅，情短情长，光怪陆离的世间，喜剧与悲剧总是同时上演。一段时间的执迷计较后，李商隐渐渐从失去柳枝的遗憾中挣扎着抽出身来。后退一步，反而有机会观赏到全景，且能把视线聚焦在最为美丽的景致上。已然释怀的李商隐，回首往事，看到的皆是柳枝的烂漫天真。

心中有怨、有悔，诗中也就染了不平、悲愤，所以《柳枝五首》，虽仍旧饰以华丽辞藻，却掩不住繁衍成海的痛楚。而今再下笔提及柳枝时，只剩了由内心而沁出来的赞美与欣赏。

章台从掩映，郢路更参差。

见说风流极，来当婀娜时。

桥回行欲断，堤远意相随。

忍放花如雪，青楼扑酒旗。

——《赠柳》

说起关于柳的名篇，贺知章的“不知细叶谁裁出，二月春风似剪刀”是无论如何也绕不过去的。然而，即便这句诗将柳的美描摹殆尽，且尽情地歌颂了春风，但读来还是觉得单薄了些。只因背后没有婉转的故事支撑，便失却了那欲说还休的韵味，少了让人在深夜独自咂摸的力量。

而李商隐咏柳，不仅赞赏它温柔、轻盈、婆娑、风姿绰约，更将自己深深的怀念埋藏其中。因历经了那样一场虽然无疾而终，但动人心扉的爱恋，每到春日，最牵动李商隐思绪的不是陌上缓缓开的桃花，亦不是探出墙外的杏花，而是婀娜多姿的柳枝。它好似旌旗鲜明的王师，刹那间便把京城长安到大江之滨的江陵都控制住了。

万千柔软柳枝垂下，浓稠细密，参差掩映。在春风吹拂中，依依娓娓，荡漾撩人，此时霸道的王师又化身成了豆蔻年华的少女。在李商隐眼中，柳即是人，人即是柳，诗句的字里行间，晃动着腰肢婀娜的倩影，羞赧妩媚，十分可爱。

偏执的人，总以为爱情是两个人的事情，但如若少了旁人的祝福，这爱又怎能天荒地老，又怎能完整无缺。即便深情如李商隐，也是急忙拉出柳一直深为世人欣赏的证据，以表明自

己并非信口开河。诗歌的源头《诗经》便有“昔我往矣，杨柳依依”之句，唐代诗人刘禹锡在为一段朦胧、暧昧的爱恋造势时，便写下“杨柳青青江水平，闻郎江上唱歌声”之语，更有东晋陶渊明，爱柳至极处，索性在茅屋门前植下五株柳树，笑称“五柳先生”。

背后有了支撑，爱情便陡然增了三分底气，追求也就变得高调与大胆起来。李商隐看见路旁堤畔，垂柳笼烟罩雾，葱茏翠绿，猛然间柳枝那眉目含情之态，又渐次清晰起来，便没了心神去思量旁人是否掩面窃笑，就莽撞地顺着迷人的柳色向前挪动。枝叶青润可人，莹莹如玉，让深情至痴的诗人，竟不知所措起来，如同易碎的青花瓷，搁置起来怕蒙尘，捧在手中又怕摔碎。脚下也似有春风催促，一路小跑着就来到了桥边。眼看柳色即将被隔断，便又唐突地跨过小桥，踮起脚尖向远处望去。虽然眼中再不见垂柳，但青青碧色已印在心上。

清人纪昀评价这首诗的颈联时，用到了“空外传神”四字，形容其妙处不落实，皆在虚处。“意相随”三字，不知是指春柳傍随长堤而去，还是谓诗人心系杨柳，紧随不舍，或者它也在形容柳枝对李商隐的顾盼，实在是难以定论。而且，其中显然包含了彼此相依相随的意味，柳树对堤畔的依赖，诗人对柳枝的倾心，柳枝对诗人的留恋，都在其中。奔走于凡尘俗世，有谁能不食人间烟火；在十丈红尘里周旋今生，又有谁能逃得开一个“情”字。无际的岁月随风而逝，只有相思的情怀鲜活如初。纵然李商隐已经决心将往事藏在屏风之后，但这满城碧青柳色，还是让他晕眩得厉害。想来他是为了捉住柳枝翩跹的衣角，以续前缘，又或者，他只是单纯想在有她的梦中再醉一场。于是诗人不辞辛苦，又追随至繁华竞逐的人间盛处，此地每一棵柳树都飘着一团团白茫茫、虚飘飘的飞絮，柳花似雪，落满诗人心房，渐渐融化成温润的春水。

沉睡的冬天一旦苏醒，世界就变了一副模样，蝴蝶忙着寻找花丛，蜜蜂忙着编册花蕊，清风忙着吹拂杨柳，就连檐前的老风铃都在叮叮当当中把记忆询问。当思念在有月亮的晚上，幽幽爬上窗台，李商隐便又开始止不住地回想。连同那一份已然释怀的心情，也附上了夜的墨色。他何尝不知花易落，月难圆，何尝不知前尘往事已如花月般凋谢残缺，那一度以为会延续长久的缘分，最终也不过落入光阴的暗影里，再也寻觅不着。

此时，他与她各自流浪在天涯，在不能抵达彼此之时，李商隐只愿侯门内的柳枝一如往昔，不懂人情世故，不懂风月爱恨，不为迎合旁人而忤逆自身，无忧无虑，无欲无求。只可惜，天难遂人意，侯门之内妻妾成群再自然不过，争风吃醋也是常有之事，或许柳枝刚刚进门时，关东诸侯因她俏丽多姿，便将其捧在手心，生怕有一丝闪失，想必就算柳枝说想要星星、月亮，他也会想法飞到天上为她摘下来。但他的宠爱如同凤梨罐头一样会过期，一旦手中有了新的玩具，这份对柳枝的热情，自然会转移。

“但见新人笑，那闻旧人哭”，在落拓的生涯中，李商隐仿佛看到了柳枝还未盛放就已凋零的命运。

动春何限叶，撼晓几多枝？

解有相思否？应无不舞时！

絮飞藏皓蝶，带弱露黄鹂。

倾国宜通体，谁来独赏眉？

——《柳》

当初，李商隐身不由己地要奔赴前程，她便不情愿地如章台柳一般飘摇不定，零落侯门。那种需要厮守的亲眼见证彼此人生的爱情，太过奢侈，但那种只要漫长相思和不渝情意的爱情，一直摇曳在李商隐心底。

柳枝何其不幸，锦瑟年华便堕入泥沼，命运不由己、爱不由己，就连欢笑也不能做主。但她又何其幸运，俘获了一个痴情男子的心，住进他的回忆，让他用情、用那跌宕绮丽的诗笔滋养那份最初的美好，直至终于成为诗史中一个哀婉、凄美的动人传奇。

历经了遗憾、痛楚，了悟了时光的仓促和无情后，李商隐已然懂得如何在相思中还原她的整体美，除却如花容貌，她亦有坦率天真的美德。释怀后，诗人那布满伤痕的心终于慢慢愈合，想必李商隐日后再忆起柳枝时，当是她梳着双髻，抱立扇下的青涩模样，是那段纤尘不染的时光。

存在即有存在的理由，命运自有合理的安排，得到与失去之间其实并没有明晰的界限。所以，手中拥有的，不必沾沾自喜；已然失去的，也不必耿耿于怀。毕竟那些在我们生命中走过一程的人，已经点缀了我们的生命。

甘露之变，乱世忧怀

年轻时，总会轻易说爱，也总能一挥手就说出别离，去远方想要以一己之力征服这个广袤的世界。因为功名在隐隐召唤，于是李商隐毅然失约，只身奔赴遥远的长安，去摘取或许他一生都未能得到的东西。却不知晓当他抵达长安时，这座城市已非昨日，到处尽是权力与欲望交织的味道。

李商隐此时无暇缅怀匆匆结束的爱情，亦无力阻止即将到来的祸乱，只得在角落里看着这个末代王朝是怎样一点点地坍塌。

至晚唐时期，宦官专权已经发展到无以复加的地步，皇帝不过是他们任意摆布的玩偶。但不是所有的皇帝都唯唯诺诺，任宦官飞扬跋扈、胡作非为。既然坐上了龙椅，就必得有天下唯我独尊的实权。纵然唐文宗亦是被宦官拥立，但他仍时时寻找机会除掉心腹大患。

太和九年（835），此时距离唐文宗登上皇位，十余年已弹指而去。唐文宗从一个不经人事的孩子成长为胸怀大志的青年，欲要以国家为舞台，放开手脚驰骋一番，折腾一番。通过苦心经营，扶正这个将倾的时代，上对得起先皇列宗，下对得起黎明百姓，这才是有骨气的男人该有的气概。

济世安邦的仁心和重塑盛世的壮志，使得唐文宗跃跃欲试，迫不及待地要将身边的宦官斩草除根。历史上，无论是暗暗进行的谋划，还是大张旗鼓的改革，多半因行事不密、走漏风声，使得决心改变的现象非但没有缓解，反倒愈演愈烈，甚

至险些将整个时代葬送。犹如平静的海面猛地袭来一阵飓风，即便不弄个底朝天，也会使大海换一副容颜，其中游鱼更是在剧烈翻涌的浪潮中，丧失了心魂。世间有多少事情是能预知的？纵然贾宝玉在睡梦中走了一遭太虚幻境，看到了金陵十二钗的命运，但梦怎能与现实混为一谈。当他迷迷糊糊醒来后，这冥冥之中的预言也被他抛之脑后。李商隐自然不能预料当他错过柳枝的邀约，急匆匆赶往长安应考时，会迎面撞上风起云涌的天气，做一条不能自主的游鱼。

当李商隐到达长安时，以唐文宗主导，由郑注与李训精心策划的排除宦官密谋，正悄悄地进行着。他们先是将异己官员逐出长安，随后立自已亲信为相，一时间天子身边皆是心腹之臣。一切皆如猛虎添了羽翼，蛟龙得了云雨，既然时机已然成熟，也就不必等待，省得夜长梦多，从中生出许多枝叶。

手持利剑，方能斩断乱麻，而唐文宗并不知晓他其实手无寸铁。看似密不透风的计划，实则千疮百孔，非但未能动宦官一根汗毛，还付出了血的代价。在那场史称“甘露之变”的闹剧中，主谋郑注、李训，与此事有瓜葛的舒元舆、韩约自然受到诛伐，就连茫茫然不知情的朝廷元老也难免被捕杀的命运。本想坐拥江山、掌握实权的唐文宗更是落得个形同软禁的下场，在宦官布下的局中，永远做了一颗棋子。

城门失火，殃及池鱼。安史之乱使大唐从巅峰中跌落下来，险些覆没，甘露之变又将大唐向深渊推进了一步，多半人掉入其中失去了性命，少许站在悬崖边上的人也是朝不保夕。李商隐在这血雨腥风的乱世中，亦是惶惶然不知所往。

人从出世便注定了入仕，为了金榜题名之日的到来，李商隐已用去二十多年的光阴，学策论作诗赋，别家园居异乡，连爱情都一再辜负。唯有一举中第，获得一官半职，才不会白白空耗了这二十载光阴。可是偏偏栖息着他毕生追求的殿堂，已然倒在一片血泊中。

望断平时翠辇过，空闻子夜鬼悲歌。
金舆不返倾城色，玉殿犹分下苑波。
死忆华亭闻唳鹤，老忧王室泣铜驼。
天荒地变心虽折，若比伤春意未多！

——《曲江》

世上少有不食人间烟火之人，既然翻手为云覆手为雨的时代将倾，眼下最为要紧的便是保住自己的性命，此时沉默者往往比善谈者安全。对于雍容华贵的盛唐而言，大庭广众之下谈几句帝王秽事，说几嘴宫闱秘闻皆无伤大雅，甚至美其名曰风气开放、胸怀宽广。但甘露之变后，明哲之士纷纷以噤声保身，生怕哪句无关痛痒的话传到宦官耳中，就被冠上莫须有的罪名。对于身家性命，谁不是小心翼翼，哪敢有半分闪失。

而李商隐在万马齐喑的时代中，唱出了虽不响亮但足以振聋发聩的哀歌。但他并非不讲求布局的莽汉，在平仄相对的整饬诗歌中，他谨慎地将议论、用典、伤悼熔为一炉，以顾左右而言他的方式，隐晦地还原了甘露之变。

《曲江》好似唐朝命运的一个隐喻，它的繁华或苍凉，影

射了帝国的盛与衰。自从秦始皇在此开辟了皇家宜春苑后，它便渐渐地成为帝王的游乐之地，到了唐代盛况更是空前绝后。唐玄宗在皇家禁苑芙蓉园内，修建了紫云楼、彩霞亭、临水亭等，芙蓉园内宫殿连绵，楼亭起伏，占尽了长安城的风光。正如唐人康骈在《剧谈录》中所云："开元中疏凿为胜境……花卉环周，烟水明媚。都人游赏，盛于中和上巳之节。"

盛世中，万物皆欣欣向荣，一旦时代走向万劫不复的深渊，花鸟亦垂泪。安史之乱后，连皇帝都狼狈地逃跑，这座皇家园林自然也就渐渐生了荒草。许是为了重振大唐威仪，许是想在歌舞升平中享尽奢华，唐文宗于太和九年（835）二月派神策军修治曲江。八个月之后，唐文宗像唐玄宗那般，在曲江大宴群臣，听丝竹管弦，赏江畔之景，不亦乐乎。却不期然，甘露之变让这番赏心乐事变成镜中月、水中花，再不复得。

当年心怀天下的杜甫，路过曲江时，抑郁难当，写下了《哀江头》。李商隐面对这荒凉景致，吟出了《曲江》。在诗中，杜甫犹如忧国忧民的屈原，在汨罗江畔追求着绝世的清明，在萧索的世间寻觅着治国的良方。而李商隐恰似感伤多情的宋玉，在落叶翻飞的秋日里深深悲叹，在对一草一木的怜悯中踟蹰不前。前者用情博大，后者用情深挚，虽有所差别，但终究是对将倾时代的忧思。

"望断平时翠辇过，空闻子夜鬼悲歌"，只此两句便道尽了分崩离析的时代。想那唐文宗驾车赏游曲江，清流急湍映带左右，丝竹管弦不绝于耳，文武百官高呼万岁，更有红粉佳人聊以调情，极尽世间繁华，是何等奢华风流！而今，放眼极望，映入眼帘的不过是蔓延的杂草，听到的不过是子夜时分冤鬼的悲歌哭泣。

旦夕之间，唐文宗由帝王贵胄之躯摇身一变，即成了阶下囚。看来天子与帝王之间，也并非隔着天涯与海角。历史的机缘，意志的强弱，谋事与成事间的种种机缘巧合，都可能是一个改变的契机，一人、一家、一国，都在命运的渡轮上沉沉浮浮，谁也不知道下一个浪头会何时袭来。旧日里唐玄宗为杨贵妃许下三生的荣华与富贵，定然不曾想到心爱的女子会死于自己的刺刀之下。那坐在唐玄宗的金舆鸾驾中顾盼生辉的后宫佳人，亦是无从预料日后幽囚的结局。

杜甫是安史之乱的见证者，李商隐为甘露之变的目击人。杜甫在《哀江头》所显露的沉郁顿挫，被李商隐巧妙地延续到了此诗中，且又附加了自己独有的标签。清人金武祥曾云："李义山极不似杜，而善学杜者无过义山。"其言极是。

杜老在关怀民瘼的途中走得坚定而艰辛，李商隐循着前辈的足迹，走出了一条深情绵邈的路。无从比较技艺高下，每个人都是时代的信徒，背负着不同的使命，在各自的世界中踉踉跄跄地前行。以强硬的方式对抗这个岌岌可危的乱世，必然会被由少数人制定的规则所伤。但若采取迂回战术，也许会得到意想不到的结果。李商隐无从明目张胆地与时代抗衡，但又不能对这场"流血千门，僵尸万计"的甘露之变一声不吭。于是，他布下了扑朔迷离的局，让历史中相类的故事，替他展开攻势，放出一把把利箭。就算嚣张跋扈的宦官，想要在诗行中搞些名堂，李商隐也可以申辩所云为他物。

所以，他并不直言这场让人惊魂甫定的变乱，而将笔锋指向了西晋的陆机。陆氏世代服膺儒学，子弟多以仕途功名光耀家族。陆机与其弟陆云更是文采不浅，英声早闻，以“二俊”标举风流。入仕不过是为济世，却被迫卷入权力纷争，被宦官弹劾，惨遭杀害，并株连三族。临终时，想到当年隐居小昆山耕读放鹤时的潇洒生活，不禁叹道：“华亭鹤唳，岂可复闻乎！”宦官的刀戟，从来都不怜惜任何风流名士。

与陆机同时代的索靖亦是才艺绝人，其“博经史，兼通内纬”，且有远见。因当世官僚争相夸富，统治者腐朽不堪，索靖预见天下行将大乱，但自己又无力回天，便指铜驼而道：“会见汝在荆棘中耳！”大厦将倾，人人难保，那象征着国家威仪的铜驼，必会葬身于荆棘之中。而后，索靖的预言果然应验，正是太康十二年（291）那场“八王之乱”，为本已黑暗的西晋添了一笔浓墨。

晚唐又何尝不是另一个西晋？宦官把权，天子徒有其名，百官对国事避而不谈，覆国已初现端倪，只是时间早晚而已。历经这场天荒地变，黎民命如飞蓬，群臣如坐针毡。不知何时，背后来一点向前推动的力量，便俯身跌入悬崖。

对于这一切，李商隐假装充耳不闻，他故意说着又是一年暮春时，斜风灌进庭院，姹紫嫣红便铺了一地，这如何不叫人悲伤，连枝头的花瓣都留不住，哪里还顾得上时代是否即将成瓦砾废墟？

这以“伤春”为名的诗，看似满纸荒唐言，却包含无尽辛酸泪。句丽意凉、字绮情悲，李商隐就是这般隐晦地将惆怅藏进墨中，虽不提当世一字，却是最悲怆的呼声。

风雨欲来的末世，不曾给予他片刻温暖，而他始终以皇室同宗自诩，将时代兴废当作自家之事。大唐此时已是断壁颓垣，更遑论庙堂的清明与黎民的安乐，自身尚且难保，又何来扭转乾坤？命运许了他多情的忧思，却无法为他指出道路的方向。在杂草丛生的时代，他终究还得孤身摸索着前行。

进士及第，痛悼恩师

花有花的路径，水有水的痕迹，人亦有人的命运，世间万物各有秩序，从不会因为某个插曲，而更改此后的际遇。甘露之变固然以海啸般的威力，险些将国家夷为平地，但经过一段时间的沉淀，飓风渐渐平息，支离破碎的时代，日益稳定下来，心有余悸的世人，也极力忘掉那场祸乱，开始各司其职。

开成二年（837）初春伊始，长安城仍初寒乍暖，但这丝毫不影响士子应考的热情。崇仁坊和亲仁坊早已举子云集，十里珠帘轻掀，绮窗丝障微开，人人皆是胜券在握，仿佛玉石为阶、黄金铺路的仕途已在向他们召唤。

不管是谁坐拥江山，有志之人都会披荆斩棘、顶风冒雪地朝着权力的山峰攀岩。古人云“一鼓作气，再而衰，三而竭”，可是纵观历史，有多少人在仕途上一次又一次跌倒，即使抱怨牢骚，还是会坚定地爬起来，直至须发皆白也不肯放弃。

这一年，李商隐第五次应试的身影，亦夹杂在其中。此时

他没有了第一次的志在必得，或许彼时当他怀揣着金榜题名的期待踏入考场时，并不曾想到此后会三番几次无功而返。如今他与前几次一样，也没有做行卷与干谒工作，想必黄金榜上又会遗漏他的名字。然而，世事难料，当人们已然做好了下雨的准备，反倒阳光遍洒，惠风和畅，使得人们面对这突如其来的欢愉，竟然不知如何是好，好端端地又牵引出了悲伤。转变即从此开始。

这次科考，蒙尘日久的李商隐终于大放异彩，博得了主考官高锴的认可。不知情之人大可说一句功夫不负有心人，可在这任人唯亲的时代中，个人日积月累的努力又怎如掌权之人的一句话见效？因令狐楚之子令狐绹如今已是一颗冉冉升起的政坛新星，想借着他的光以照亮自己的人比比皆是，况且高锴已在官场摸爬滚打多年，凭着老练的经验，自然不会放过这次机会。

于是，一日早朝之后，在紫宸殿门外，高锴拱手向令狐绹相问："巴郎之交，谁最善？"这堂而皇之的人情交易，看似漫不经心、不着痕迹，实则大有深意。深知官场规矩的令狐绹自然听得出话中玄机，直言而道："李商隐。"此后高锴又接连两次问同样的问题，令狐绹都如此作答。

在放榜之日，李商隐的名字终于跻身其中。在科考之路上摔尽跟头的李商隐，终于盼来了姗姗来迟的柳暗花明。本是好事一桩，但想到这全靠令狐绹暗中相助，就不能不令人心酸喟叹，喜悦也就打了折扣。迟到的祝福，晚熟的果子，还有开在寒风里的花朵，虽仍美好但终归美得勉强。

芳桂当年各一枝，行期未分压春期。
江鱼朔雁长相忆，秦树嵩云自不知。
下苑经过劳想像，东门送饯又差池。
灞陵柳色无离恨，莫枉长条赠所思！
——《及第东归次灞上，却寄同年》

唐代诗人孟郊一生参加过三次科举，但“两度长安陌，空将泪见花”，第三次终及进士第，兴奋不已的他几乎是颤抖着双手写下了“平生第一快诗”：“春风得意马蹄疾，一日看尽长安花。”同榜高中的进士们常常结伴同游京城，欣赏美景不是目的，只是想要尽情炫耀内心的喜悦。得意的岂是“春风”，实是诗人自己；马蹄翻飞也未必有多“疾”，而是他的欣喜太过盛大。终于得偿所愿的李商隐，虽没有炫耀当日如何欣悦，但诗中毕竟抹去了三分悲伤。

离多欢少，是人生路上再自然不过的状态。在古时，交通极为不便，离别好似永别，一旦匹马迢迢上路，即会走出千里万里，若想重聚，甚至比登天还要难上几许。故而，别离时总是格外凄然，甚至连春风都不愿将柳条遣青。盛唐之时的白居易在南浦边上与友人送别，尚且有“一看肠一断，好去莫回头”的断魂之语，一向纤细敏感的李商隐，面对这一次的离别，反而多了些从容淡定。

按照惯例，李商隐拜过座师，游完曲江，饮罢探花酒后，便启程回乡省亲。诗人驱马前行，路中所见风景并不是太好，尤其灞水依旧悠悠东流，平添了些凄凉况味，但因鲤鱼终于越

过了龙门，他的情感底色终归依旧明亮而喜悦。

想当年晋朝时，晋武帝在各地大肆选拔人才，郤诜因博学多才、瑰伟倜傥而被选中，后又擢升为雍州刺史。晋武帝于东堂巡游之时接见了他，并问其感觉如何。郤诜对云："臣举贤良对策，为天下第一，犹桂林之一枝，昆山之片玉。"月宫中的一枝桂花，昆仑山上的一块宝玉，是天上人间少有之物，用它们来形容自己的八斗才华再恰当不过。

李商隐自恃才情横溢，又有进士这顶帽子冠于头上，当是前途无量。因友人同为及第之人，即便今日分袂，此后还有相见之时，况且还有翰墨传情，鱼雁传书，聊以慰藉，哪里容得下半点悲伤。

人逢喜事精神爽，就连过去不以为意的风景，如今回想起来也新鲜喜人。甘露之变后，曲江不见倾城色，而登第后再游览曲江，却觉春风习习，水波涟涟。并非景致无常，善变的是人心。就连友人未来得及为自己饯行，他都不觉得惋惜。

及第犹如下了一夜的秋雨，夏日的黏热、蝉鸣的聒噪、空中的尘埃，通通被冲刷而去，天地间瞬时变得澄澈而清新。即便此时横亘在眼前的是离散，也不必抱怨，早早策马登途，回家报喜，且把弟弟们的学业好好安顿一番，便又会回来，今后再不分离。因为心绪不同，就连那灞桥边的柳色看上去竟也不似往年那般充满了离恨，故而友人未曾折柳相送，倒正是相宜。

在那个科举决定命运的时代，确实"朝为田舍郎，暮登天子堂"，云泥之别的身份地位，正是无数文人挣不脱的名利诱惑。李商隐拿到了进入仕途的门票，门内是另一个世界，风景如何，他不知晓却极为期待。为这浮名，他十几载寒窗苦读，一朝梦圆也算没有平白辜负了自己。以后的路程，辉煌也好，惨淡也罢，他只能全部接受。世间的痛楚与欢愉总是毗邻而居，故而得意时切莫忘形，以免欢笑声太大，吵醒临墙的悲伤。李商隐并非张扬之人，即便一朝及第，他也至多在探花宴上多喝几杯，或是在夜深人静时涌上来一丝欣慰，甚至还不时泛起难以觉察的惆怅，如此轻手轻脚，祸患仍旧不期而至。

李商隐回到家中还未歇脚，便接到令狐楚请他做幕僚的信。恩师来信，岂有不去之理，但因家中琐事缠身，他一直没有动身。直到年秋末冬初到达幕府时，令狐楚已生命垂危。他在这里起草的第一封公文，竟然是《为彭阳公兴元请寻医表》，这备受恩主赏识的艳辞华彩却句句为哀音，字字是泪曲。

李商隐还年轻，对时光的仓促和无情，认识也太浅。即便读了很多书，看到那些在等闲间就翻云覆雨的巨变一件接一件在历史中发生；即便亲眼见过生老病死、悲欢离合，但那都是旁人的事，荣辱、爱恨、苦乐，也与自己无关。但令狐楚病逝的噩耗犹如惊雷在耳边炸响，倏然间便是天崩地裂。

是年年底，李商隐与令狐绹兄弟一起护送令狐楚之榇北归。汉中一路走来，他们翻过秦岭，经过大散关、秦岗山、郿县（今眉县）直至长安，一路上的凄风苦雨，竟让仿佛失去心魂的诗人，不知如何去承受。

水急愁无地，山深故有云。

那通极目望，又作断肠分。

郑驿来虽及，燕台哭不闻。

犹馀遗意在，许刻镇南勋。

——《自南山北归经分水岭》

李商隐本是一条桃花溪，围绕在令狐楚这座巍峨的高山之下，如今两人“断肠分”，高山颓然倒下，山脚下的溪水自然不知何去何从。

当他们行至陕西嶓冢时，见嶓冢以东水皆东流，嶓冢以西水皆西流，不禁有茫茫无措之感。这座素来有分水岭之称的山，正是冥冥之中李商隐人生的预言。令狐楚是他仕途食物链中关键一环，恩主一旦去世，食物链也就中断，没有线牵引的风筝，自然触摸不到蓝天。

水流泱泱，不舍昼夜，卷携着人们所不能预感的命运，引至遥不可知的远方。北归路上的彷徨，正是对未来的不确定而感到恐惧。

生命的威胁，从不会来自往昔，过去无论得意或失意，都已经成了戏文中的章节，被守候成别有风味的景致。那不知携带了多少风雨的未来，才让人们每每向前望时，都会生出战栗之感。此时的李商隐清楚地知晓他已然走到了命运的分水岭上，却猜不出分水岭的前端，是一马平川，还是穷途末路。

卷三　一生无复没阶趋

结亲茂元，再入长安

锦上添花从来都是人们热衷的事情，一朝及第已让寒门学子从底层翻身，一跃登上了龙门，成为仕宦阶层的新贵，家有待嫁闺秀的达官贵族，总会瞄准机会纳得乘龙快婿。进士抱得如意娇娘归，顺便寻得仕途靠山，而官僚也为壮大家族势力谋得一枚潜力无限的棋子，这样一举多得的事情，自然是皆大欢喜。

在政治上讲求强强联合，实在无可厚非，但爱情往往无处安放。晋代的王羲之与谢安两家皆是门楣煊赫之族，王羲之一笔秋毫广采众长，独领风骚。谢安淝水一战，安然平定东晋大半个江山。如若两家联姻，理当再好不过。于是，王家之子王凝之以八抬大轿迎娶了谢家之女谢道韫。然而世人眼中的好姻缘，却换来谢道韫的半生流离，晚年凄凉。

刚刚历经一场丧事的李商隐，还未从伤痛中抽出身来，面对这热络得近乎滑稽的东床选婿盛事，提不起丝毫兴趣。即便被强硬拉进各怀鬼胎的宴会上，也是木然如石块。况且士大夫宁折不弯的品性，让他应试尚且不屑行卷与干谒，又怎会用一桩与爱情无关的政治婚姻博取功名。

只是，这光怪陆离的世间，总会有莫名的际遇，由不得人们做主，它早已埋伏在必经的路上，待燕子来时主导一场盛大的邂逅。或许，相伴的时光不过须臾，但这深刻的重逢已值得彼此感恩。李商隐就是毫无准备地遇到了与之结为并蒂莲的人。

照梁初有情，出水旧知名。
裙衩芙蓉小，钗茸翡翠轻。
锦长书郑重，眉细恨分明。
莫近弹棋局，中心最不平。

——《无题》

韩瞻与李商隐为同年进士，最是交好。及第不久，泾源节度使王茂元便请韩瞻入幕，且把爱女许与他。这醉翁之意自不在美酒，笼络贤才正是要紧之事。在韩瞻的婚宴上，王宅里商贾云集，政客聚拢，李商隐也被拉来助兴。

宴席之上自是谈笑风生，高谈阔论，兴致高时也免不了斗酒斗诗，一比高下。每当此时，坐在一隅的李商隐，总会以平仄对仗工整、词句锦丽绣华的诗，惊艳四座。王茂元虽含笑不语，但心里那张算盘，早已将李商隐安插到了合适的位置。

此时，在绘着雍容牡丹的屏风之后，女眷的心跳声与外面的喧嚣声总有着同样的频率。有一位男子或许一袭白衣，风流倜傥；有一位男子或许风华正茂，才情不凡；有一位男子或许默然不语，独饮杯盏。这番猜测总会让她们忍不住掩面而笑，偶尔也会有几个大胆的女子从屏风后探出头来，一览席上风采。

王茂元的小女儿就是在探头张望屏风之外时，与李商隐四目相对。命数变幻莫测，时有明丽时有隐晦，就在彼此相遇的这一刻，生命忽地就泛出光来。王家爱女知书达理，且有一双慧眼，凭借着敏锐直觉，她认定他便是那个文辞锦绣飞扬的男子。纵然内心早已是小鹿乱撞，倒也不会失了大家风范，反而是李商隐兀自乱了阵脚，急急错开她柔软的目光。

郎有情，女有意，且背后又有王茂元做主，两人结成连理也是水到渠成的事。开成三年秋（838），泾原幕府张灯结彩，王家小女儿出嫁，李商隐终于得以掀开她的面纱，好好将美人端详一番。

人生如旅，没有谁能将日子过得行云流水。但爱往往会让人绝处逢生，重新燃起希望，就算日后要度过漫漫长日，也不是那么可怕的事情。于是，李商隐时时感激，命运的洪流将这样一位懂他的女子，推到他身畔，陪他在浪涛里沉浮。男人总是不吝啬对倾心之人的赞美。曹植在《洛神赋》中将甄氏的唯美放大到极致，“迫而察之，灼若芙蕖出渌波”，他用隆重的心意、清淡的笔墨告知世人，就是这样一个如出水芙蓉的女子，让他坚硬的心，也忍不住温情缱绻起来。还有那南朝的何逊，在掀起新娘盖头时，也挥笔写就“雾夕莲出水，霞朝日照梁”。

自此，“照梁”二字，就成了美丽女子的专属。李商隐在新婚之夜，看到王氏明眸皓齿，黛眉如山，顾盼多姿，以钗饰发，点翠而轻，美如巫山神女，艳若洛浦芙蓉，不施粉黛就已占尽人间风光，甚至比曹植笔中的甄氏还妩媚几分。

李商隐用芙蓉之姿形容王氏绝美容颜，犹觉不足，于是又巧花心思，写到王氏翩然的裙裾。世间繁花无数，想必也只有那不染纤尘的芙蓉，能与她的气质品性相合。于是，她便用密密麻麻的针脚，让一朵朵莲花开到了襦裙之上。

美而慧的女子，尽在这四句中夺然而出。清人范大士读到此诗后说："玉溪艳体诗独得骊珠，而此尤疏秀有致。"李商隐之诗往往以艳称奇，但这首诗用薄纱轻轻将"艳"过滤，显出清秀疏荡的特质。看来这一场政治婚姻，并没有将爱情遗落，让喜悦发自肺腑的李商隐，下笔时也多了一丝谨慎与矜持。日日举案齐眉，看落花赏月亮，自然是人间美事。但当仕途遥遥召唤时，个人的情情爱爱，必须为其让路。遍数历史上那些留下美名的女子，哪一个不是含泪挥别远行的丈夫，且不说不敢要求他此生不负，还要信誓旦旦地保证会照顾好家中老小，让远行者不必挂怀。

新婚不久，李商隐便离开泾原幕府去了长安。闺房陡然变得空空荡荡，思念也就如影随形。既然见字如晤，女子便将万千心事落在纸上，托鸿雁捎去自己的惦念。此时她与东晋的苏蕙并无二致。

据房玄龄《晋书》所载："窦滔妻苏氏，名蕙，字若兰，始平（今陕西兴平）人，善属文。"窦滔为前秦苻坚时秦州刺史，后被徙流沙。苏蕙思夫心切，便在每个月华如水的夜晚以回文织锦，最终织成《璇玑图》赠给夫婿。满腹的才华，满溢的深情，都汇入这小小的锦帕中。王氏像苏蕙一般将心中密集的思念，在纸上写得满满当当，却如何也道不尽。

虽然长安车水马龙，繁花似锦，但对李商隐而言，这里暖黄的曙光与灿烂的朝霞都不能给他带来安慰，唯有穿云破月的鸿雁所捎来的书信，才能给这苦寒之路添三分暖意。妻子情深

义重，每一字落笔时皆反复思量，锦书写得殷勤、郑重，李商隐也就读得认真、细致。

信中她一再嘱咐，长安向来是争名逐利之地，不乏钩心斗角之人，稍有不慎便会落入旋涡。切莫误入棋局，亦不必因为心中有遗恨便苦痛不平。在尊崇“女子无才便是德”的时代，女子似乎只要精厨艺、善女红就好，即使一无所长，但生了一副花容月貌，安稳地做个花瓶也是不错的选择。但王氏不仅长了芙蓉面，且懂时局、识大体，这不能不说得此女者，李商隐之幸也。分离，或许是测量爱情深度的唯一方式。对方就在眼前时，不必思念，无谓等待，自然也就不知爱情深几许。一旦对方挪出视线，触不到、看不见时，爱情也就有了形状，有了深度。一池碧水，一剪弯月，一缕凉风，甚至一呼一吸间，都藏着对方的影子。想念固然是种折磨，但这种甜蜜的忧伤，想必会让轻飘飘的爱情，增加分量。

东南一望日中乌，欲逐羲和去得无？

且向秦楼棠树下，每朝先觅照罗敷。

——《东南》

陌上采桑的秦氏罗敷，身着紫襦黄裳，款款下得楼来，霎时间便让耕者忘其犁，锄者忘其锄，只为盼得美人一顾，就连那位高权重的太守，也忍不住停马踟蹰，兀自轻薄起来。面对由美丽招引的祸端，罗敷非但没有以硬碰硬，反而避实就虚，顺势夸耀起自己的丈夫：威风凛凛，仪表堂堂。既有美貌又兼美德，这般女子怎会不招男子喜欢？

李商隐毫不顾忌地将王氏比作罗敷，想来这爱定然不浅。纵然身在长安，与泾州隔了山又隔了水，但思念总会翻山越岭，抵达对方心中。他甚至希望自己每日化身为一只鸟，追逐着羲和的脚步，来到秦楼棠梨树下，切切地探望妻子。

人生本就是一本起伏有致的小说，情节环环相扣，前一环是后一环的伏线，后一环是前一环的谜底。此时李商隐沉溺在新婚的喜悦里，恨不能昏睡百年，就算有思念困扰，也不觉得辛苦。却浑然不知，他人生的下一环埋伏着怎样的命运，更不知他仕途的大门，正一寸寸关闭。这场不曾遗漏爱情的政治婚姻，却让他的城堡开始一点点倾斜，直至颓然倒地。

误陷党争，仕途坎坷

世事飘忽，人海沉浮，哪一件事是人们能做主的？追寻梦想的过程，也似遇到了江南的梅雨，不管怎样努力奔跑，也看不到晴天。待这一蓑烟雨停后，却发现梦想已然淋透。初衷总会被结局调戏，愿望与现实总是南辕北辙。李商隐的宦途，或许生来就是落花有意流水无情。

唐朝应试及第者，只是具备了做官资格，并不马上授予官职，还要经过吏部选试合格后，方才释褐做官。故而李商隐于开成三年（838），又来到长安参加博学宏词科试。选试录取标准包括身、言、书、判四个方面，即身必“体貌丰伟”，言须“言辞辩正”，书则“楷法遒美”，判为“文理优长”，这

对李商隐而言，均不在话下。况且在王茂元的引荐下，李商隐早已与主考官周墀和李回相熟识。内有文采，外有人脉，顺利通过考试自是情理中事。

吏部将录取名单呈报中书省，只待批复通过，李商隐便可以成为朝廷命官。百步行程，只差最后一步即可以走到目的地，而且这最后一步也不过是朝堂签个字罢了。然而，一向例行公事的中书省，这次偏偏认真起来，一位高官看到李商隐的名字后，突然不悦，干脆利落地说了一句“此人不堪”，便一挥笔，将他轻轻划去。

晴天突然响起惊雷，任谁都要战栗一番，这来势迅猛的暴雨，让李商隐来不及多想，便浇了个透心凉。本是花明时，又逢柳暗地，波折多舛的命运，让李商隐无从喘息。他实在想不通自己究竟如何“不堪”，也并没有察觉到自己已经卷入了牛李党争的旋涡，背上了“忘恩负义”的骂名。

也难怪旁人如此苛责，自唐宪宗时起，以李德裕为首的李党与以牛僧孺为首的牛党便互相倾轧，争吵不休。李商隐先是接受令狐楚的恩惠，自然就被视为牛党中人，而在令狐楚尸骨未寒时，偏又接受了王茂元的示好，误打误撞地又闯进李党的怀抱。在这风雨飘摇的晚唐，李商隐好像在走一段漆黑的夜路，即便小心翼翼，也难保稍不留神便踏入泥潭。他本无心惹尘埃，却无端充当了朋党的牺牲品，这吞咽黄连而有苦难言的滋味，让人万分无奈。

偌大长安已经容他不下，当初千里迢迢赶来时，盼着峰回路转，走了一遭才发现这不过是黄粱一梦，空把岁月消磨。既然再辉煌的灯火也照不亮他的梦想，他只好掉头离开，去别处寻找可以春耕秋收的土壤。

迢递高城百尺楼，绿杨枝外尽汀洲。
贾生年少虚垂涕，王粲春来更远游。
永忆江湖归白发，欲回天地入扁舟。
不知腐鼠成滋味，猜意鹓雏竟未休。
——《安定城楼》

他被掌权者一句“此人不堪”彻底放逐，仕途就此如同判了死刑。他穷尽力量靠近的，却还是无情将他推开。兜兜转转，他又回到了原地，做起了最初的幕僚，只是这一次，换作了王茂元幕下。带着满身伤痕，风雨归来，泾州已被流年换了容颜，当他登上安定城楼，那积蓄得深沉郁勃的茫茫百感，便一泄无余。

登高望远之人，难免会被无来由的悲怆击中。钱锺书对此有过精辟的论述：“囊括古来众作，团词以蔽，不外乎登高望远，每足使有愁者添愁而无愁者生愁。”唐初陈子昂满怀报国热情，却始终被君主晾在一边，悲愤无处宣泄的他只好独自登上幽州台，慷慨而歌：“前不见古人，后不见来者。念天地之悠悠，独怆然而涕下。”诗人在幽州台上究竟看到了怎样的景色，他不提一句，只是任凭风在耳边呼啸，自己立于天地之间，于无声处听惊雷。

伯乐难求，是千里马的悲剧，也是时代的悲剧。太多才华

横溢的人在昏聩朝廷的一道圣旨中被淹没，陈子昂是这样，李商隐亦如此。

人世流转，韶光偷换，转眼间又是烟花三月草长莺飞柳浓时。以李商隐敏感多愁的性子，看到这般景致，必会用艳丽的诗句将岁月易逝的感伤好好说上一番。然而，当他登上城楼，巍然独立，凌空远眺，城堞、杨柳、汀州，尽收眼底，忽觉天地宽阔起来，心境也豁然开朗。感伤荡然无存，唯有忧愤像纤夫的号子一样，雄浑有力地撞击着内心最为敏感的部位。

生命无法重来，历史却反复上演。西汉的贾谊年少时精通诸子百家，被汉文帝召为博士。他居庙堂之高却不敢忘忧，于是在《陈政事疏》中指出当世朝政的失策“可为痛哭者一，可为流涕者二，可为长太息者六”，且提出诸多可行建议。然而，非但建议未能采用，他更是被贬到长沙，呕血而亡，落得个“虚垂涕”的结局。

还有那东汉“建安七子”之一的王粲，在天下大乱时因避乱奔走四方，流寓荆州，依附刘表。荆州十五年间，他不过是一介低到尘埃中的小小幕僚，郁郁不得志，于是登上当阳城楼时，“气交愤于胸臆”“夜参半而不寐兮”，如椽大笔一挥即作下传世名篇《登楼赋》。

贾谊与王粲皆是人间翘楚，一个遭权贵毁谤，被贬长沙；一个颠沛流离，不被重用。如今，站在安定城楼的李商隐，也是一个在时代中找不到位置的失意人，这让他如何不生发“同是天涯沦落人”之感。天地苍茫，世人皆不过如蜉蝣一般，倏忽即逝，连痕迹尚且不留，更遑论在风里浪中实现济世之志。子曰：“天下有道则见，无道则隐。”晚唐已是摇摇欲坠，人们萌生归隐之念合情合理。李商隐何尝不向往一壶酒、一瓢饮、一丛竹的生活，但在他的世界里，归隐江湖须在回转天地之后，国家尚未安定，自己又如何能安眠。一旦乾坤扭转，自己则像范蠡那般功成身退，泛一叶扁舟，从此不问政事。这是做人的大智慧，常人懂，却难以做到。

“永忆江湖归白发，欲回天地入扁舟”，李商隐将扭转乾坤的慷慨与归隐江湖的潇洒融合到一联中，将苍茫无穷的“天地”和渺小如叶的“扁舟”相对比，豪迈满溢，飘逸有余，无怪乎王安石读到这一警句时，会发出“虽老杜无以过也”的喟叹。

然而，就是这样高洁的志向却屡屡受折于险恶的世间。朝堂之上，朋党为了污秽的利禄不惜互相倾轧，大动干戈，甚至对忧国忧民的清明之士也虎视眈眈，生怕这如同腐臭的老鼠一样的秽物会被抢去。

李商隐是压抑得太久了，登高恰恰引爆了悲愤这根导火索，故而，他如同一头发怒的雄狮，吼出了他平生的志愿，也鞭挞了猜忌自己的朋党势力。清人朱鹤龄概括李商隐的诗时用了“沉博绝丽”四字。于这首诗而言，“沉博”更显著一些，用意细致深微，文辞丰富多彩。首联壮阔，颔联感伤，颈联坚定，尾联讽刺，各有各的意境，却又浑然一体，实在是后人难以企及的登临佳作。浑浊世间，找一处洁净之地容身尚且不易，那济世的清明理想更是无处安放。既然已经选择了最偏僻

的小径，那么路中无论是雨雪，还是风霜，都需要自身承担。即便已经隐隐预料到命运是一支下下签，也没有回旋的余地。就像在风中摇曳，是春末牡丹存在的唯一方式。

浪笑榴花不及春，先期零落更愁人。
玉盘迸泪伤心数，锦瑟惊弦破梦频。
万里重阴非旧圃，一年生意属流尘。
前溪舞罢君回顾，并觉今朝粉态新。

——《回中牡丹为雨所败二首》其二

在盛唐，赏牡丹可谓大事，舒元舆《牡丹赋》序文概括为："亦上国繁华之一事也。"春日迟迟，长安人士或乘车，或骑马，或乘软舆，或徒步奔走，争相去观看牡丹。熙来攘往，道路街衢皆是震耳的响声，好一派天朝上国气象。而李商隐在泾原幕府未曾看到牡丹的热闹，却只见到一地花瓣。

枝头的牡丹空笑石榴花赶不及春日绽放，却不期然，一阵斜风寒雨袭来，先开的牡丹反倒撒下满径落红。雨滴滚落在硕大如同玉盘的牡丹花瓣上，仿佛泪水不停地迸溅。泪水分不清是牡丹的，还是诗人的，只觉这抽泣声犹如一曲锦瑟凄凄的乐章，频频惊醒梦魂，驱散睡意。

去年及第，在曲江旧苑摆宴的盛景犹在眼前，不过弹指之间，一年光阴便化为流尘飞灰，梦想也如雾消散。如今在这万里之外的泾州，盼春归春不归。牡丹盛开时固然美艳动人，却不及牡丹落时那一刹那让人动容，故而李商隐看着在风雨中飘零的牡丹，竟觉得像是一场婆娑忧伤的舞蹈，惹得世人忍不住回顾。

落花美则美矣，却难免寂灭的命运。盛世的牡丹将要落尽了，李商隐这朵白牡丹也将开至荼蘼，在有限的花期中，他唯一能做的便是让飘零坠落的姿态，更美一点。

任职弘农，罢官归京

遥不可及的地方总有让人心驰神往的风景，于是人们一再离开归宿，去做陌生之地的过客。好像行走即是梦想寄存的方式，安于现状则会把生命逼进死角。至于去哪里，不必拘泥，只要离开便是了，天地之大，总有一处角落，是栖身之地。

在泾原幕府中，有岳父王茂元赏识，有知书达理的妻子陪伴。忙时写几页公文，暇时闲敲棋子看落花，偶尔也会吟两句诗，如若沉醉在这般安逸的生活里，未尝不是获得幸福的一种方式，可这偏偏不是李商隐想要的。一来那未曾得到的功名还在心底招摇，二来居住在这王家大院，总有种寄人篱下的感受。一介小小幕僚，终究无法将他挽留。

开成四年（839），李商隐挥别含泪的妻子，为了那一顶乌纱帽，再一次来到了长安——这个让人既爱又恨的地方。此地依然是利禄争逐之地，往来其间之人最是知晓得势失势、人生浮沉的滋味。

因上一次应试被无端除名，这一次参加吏部书判拔萃科考时，李商隐倒淡然了许多。既然有些事不能自主，又何必患得

患失。既来之则安之，命运自有安排与定夺。他就是以这般从容的姿态，等来了转角处的柳暗花明——顺利通过应试，被委任为秘书省校书郎，从统治者那里分得了一杯羹。

他以为天梯已然搭好，平步青云也不再是那么遥远的事情。这狂喜的心情还未来得及平复，外任降职的圣旨便随之而来。仅仅三个月时间，他便由皇城长安调到三四百里外的弘农县，如同姹紫嫣红的春日突然下了一场暴雪。原来扶摇而上不过是一场虚妄的幻觉，清醒时仍旧在坠落。

这其中委屈自和党争有关，李商隐也无从辩驳，这是宿命，唯有接受，不得篡改。大丈夫能屈能伸，既然能担得起生命中的乍喜，必也得承受突如其来的风霜。况且李商隐还有大把时光，去偏远之地管一方水土，换一片安宁，用政绩证明才华，用辛劳换得夸赞，让黎民安居乐业，在最小的天地中释放出最大的力量，也算一种本事。故而，他收起抱怨，投身进入洪流中。

但儒家士子的完美理想，总是与现实格格不入。在这个日薄西山的时代中，就连长安周边都已经民生凋敝，更别提山高皇帝远的弘农县。李商隐看到此地民不聊生、世风沦丧，不免心凉。其他官员对于这般现象自是睁一只眼闭一只眼，然而李商隐偏偏刚直不阿，恪守原则，有礼又有节，非要逆风而行，决心将此地换一副容颜。

说干就干，他先从牢狱冤案、量刑不公开始整治。为冤狱翻案，为无辜者脱罪，上对得起朝堂，下对得起黎民，且无愧于自己的良知，这让李商隐颇感欣慰。但官场风云诡谲，仕途坎坷难行，他一介小小县尉，又怎能将黑变白。他这番兢兢业业，到底是触犯了官场的忌讳，比他高一级的观察使孙简果然怒不可遏，准备将他罢免。

刚刚启碇的舟忽逢浅水滩，渡到彼岸的愿望又被搁浅，李商隐突然感到疲惫不堪，过往对仕途的执着犹如压在肩上的巨石，让他寸步难行。既然心底的期待不能实现，县尉这个官职也就形同虚设，索性不要也罢。于是不肯为五斗米弯腰的李商隐，便赶在罢官令到来之前，挂冠而去，告假归京。

黄昏封印点刑徒，愧负荆山入座隅。
却羡卞和双刖足，一生无复没阶趋。
——《任弘农尉献州刺史乞假归京》

无视官场中的潜规则，本本分分地做着自己的分内事，即便起点很低，但至少已经走在向阳的路上。却不曾想，这一条看似为他敞开的名利路，又是南柯一梦。梦里是花柳春晓，梦外却是秋色黄昏。路不通，心已倦，从前是有心无力，现在是无力亦无心。他的仕宦梦从校书郎开始，陡然又跌到弘农县，还未待施展拳脚，梦就做到了头。

人人都说陶令好，唯有功名忘不了。然而诗人的真性情，又如何能与错综复杂的官场和谐相处？儒家士大夫向来主张“穷则独善其身，达则兼济天下”，既然这顶乌纱帽已不能“兼济天下”，那就干脆“独善其身”吧，总好过违心地空担虚名。

杜甫用十年的时间等来了河西尉这一官职，而他却因要拜迎长官，受上级掣肘，毅然决然拒不接受，作下“不作西河尉，凄凉为折腰。老夫怕趋走，率府且逍遥”之诗。纵然始终徘徊在官阶之外，至少高雅洁净如池中之莲，这怕是所有儒家士大夫的行事准则。

辞官之心已定，李商隐最后一次执行县尉职责。《新唐书·百官志》记载，典狱事务为县尉执掌，每日散衙前皆要按律办事。于是他小心翼翼地取出官印，拭去上面的细碎尘埃，矜重而庄严地将其装进匣中封存起来。数月的停留，此地并未因他的到来而有所改观，民风淳朴、社会安定的宏愿也散在了风中，但至少他还保持着初心。走出屋外，黄昏渐渐深浓，与夜色交替渗透，他开始清点囚徒，站好最后一班岗。

在暮色的笼罩下，远处荆山的轮廓蜿蜒曲折，沉雄敦厚，好似就横卧在诗人面前。据《史记·封禅书》记载，黄帝曾为采首山铜而在荆山下铸鼎，弘农县也因此一度改名为“鼎城”。先祖曾至，赋予了这座山以灵性，李商隐来到此地屈居末位，已觉得“愧负荆山”，欲要本着不敷衍、不将就的姿态致富一方，却遭到上司的无理责骂，故而义愤填膺的诗人宁愿像卞和一样被刖去双足，免得趋附那些奸佞小人。

清高与尊严，才是士大夫真正赖以生存的食粮。春秋时的卞和，于荆山上寻得一块璞玉后，便先后拿去献给楚厉王、楚武王，两王却认定此为石头，分别砍去他的左右脚。及至楚文王即位，失去双足的卞和抱玉痛哭于荆山下，三天三夜后，泪尽而血出。文王闻晓后，便使人问之何故，卞和则说，他悲伤并非因砍去双足，而是宝玉被当作石头，忠贞被看为诳骗。文王便叫玉匠剖开璞玉，果然得到价值连城的稀世珍宝，即后来的和氏璧。

如今李商隐在这荒凉之地为民请命，为民申冤，几近耗尽心力，纵然如卞和那般，忠于朝堂忠于自己，却仍是困于其中，找不到出路。索性不再为仕途挣扎劳神，没了双足，反倒省了趋附权贵的烦忧，总强过为加官晋爵而扭曲至高人格。

此前一直在忍耐和妥协，这一次他终于遵循心意的驱使，做了一回真正的自己。骨气未泯，狷介如初，他大笔一挥写成了这首呈给观察使孙简的诗。虽然诗题用了“献”和“乞”二字，但这并没有为他转身离去的凛然和不屑减分，反而以故意颔首展示了更为高傲的姿态。先抑而后扬，通常是深藏大智慧之人最高明的做法，李商隐一生中这样干脆利落的时刻并不多，想必孙简看到这份辞呈时，在气愤之余也会暗暗为李商隐的勇气所折服。在红尘中行走，哪会不食人间烟火，即便选择了自己最想走的路，也难以做到彻底洒脱。于李商隐而言，一边是荆棘遍布的崎岖仕途，一边是自由自在的清风明月，鱼和熊掌向来不可兼得，顾此失彼又不能得偿所愿。他亲自关上了仕途之门，旋即便觉得门内的风景实在太过诱人，不禁后悔起自己的鲁莽和冲动。

就在他进退维谷之时，孙简忽调任他方，姚合接替孙简做了观察使。姚合也是晚唐诗坛上的名宿，虽与贾岛齐名，但其诗并非苦涩瘦硬，而是偏向平淡清丽、真切自然。诗人间的惺惺相惜，姚合的大度挽留，正好给了李商隐台阶下。

然而，思量许久，他终觉得无所拘束的清风明月更合自己心性，便再一次提出辞职。姚合知道他去意已决，便不再挽留。归去路上的风景与心情，唯有那开得不合时宜的梅花听得懂。

匝路亭亭艳，非时裛裛香。

素娥惟与月，青女不饶霜。

赠远虚盈手，伤离适断肠。

为谁成早秀？不待作年芳。

——《十一月中旬至扶风界见梅花》

时令已是仲冬，李商隐独自策马而行，来时秋雨纷纷，去时衰草满地，这全无生气的景致更增加了旅途的困顿。忽然，一枝早开的梅花探到眼前，诗人缓辔慢行，静静欣赏。只是这梅花亭亭玉立，无奈傍路而开，纵然那幽香沁脾，却开不逢时。故而，他没有像明代高启那般发出“月明林下美人来”的赞叹，而是起了埋怨之心。

清人何焯在提及此诗时指出：“其中有一义山在。”此谓一语中的，李商隐才华八斗、学富五车，正是亭亭艳、裛裛香的梅花，不仅不被赏识，反而无端牵涉到牛李党争，左右被排挤。有冤无处申，有苦无处诉，有恨无处报，唯有将这难言的痛苦交给时光去打理。

既然选择了锦绣华堂，就要服从那里的游戏规则；既然踏上了仕途无涯的征程，就要忍受路途的坎坷。纵然李商隐渐渐懂得了这些道理，但这条路上的千沟万壑，他有心填满，有意承担，却仍走不到彼岸。唯有把岁月交付的艰辛与苦涩，和着眼泪一起熬煮，然后屏气喝下，才是解脱。

南游江湘，怀古伤今

许多时候，人们觉得成功就藏匿在眼前这座山的背后，于是拼了命地跋涉千里万里，披星戴月，餐风饮露，终于跨山而过，可是映入眼帘的，赫然是另一座山头，这不免让人心灰意冷。但征服向来是人们的天性，迎难而上总是令人热血沸腾，道路有多长，脚步也就有多密集，即便遭到挫败，那颗从不肯落脚的心，也不愿半途而返。

远游的目的有千万种，欲要与大自然一争高下，寻得光明和真理，这是夸父追日的初衷。搜集翔实可靠的第一手资料，通过修史而立功立德立言，以期“究天人之际，通古今之变，成一家之言”，此为司马迁将千山万水走遍的目的。身体与灵魂完全融合，达到内向解脱；放弃儒墨观点，忘却功名利禄，做到外向解脱，古来哪位游行者能如庄子这般，在茫茫天地中鲲鹏展翅，逍遥而游。

已经习惯漂泊的李商隐，在开成五年（840），一匹单骑、简单行囊，又一次匆忙上路。这一次他选择向南而行，取路蓝田，越商山，出武关，经襄阳，渡汉水，最终在越来越萧索的初冬，到达俯拾即是故事的江湘之地。

人们一再猜测李商隐此次南游的用意，是单纯逃出长安透

透气，让钟灵毓秀的江南舔舐他的伤口；还是为仕途谋求出路，以期走出党争这堵围墙，想必后者成分更多。此时大唐日衰，世人维持生计尚且困难，哪有闲情逸致游山玩水。更何况此时李商隐刚刚卸去县尉，朝廷调动的命令尚未下来，与其坐以待毙，不如主动去觅食。或许不会如先贤那般取得令后人敬仰的成就，至少也能在名川大山中修身养性。

人间得失有定，就算奔跑过后一无所获，命运自会给你另一种补偿。李商隐在这次漫游中并未找到仕途的突破口，倒是路上的所见所闻、所思所想，在他笔下开出了新的花朵。

水乡之地少不了迷迷蒙蒙的水雾缭绕，一座座傍水的小小村落朦胧绰约，不知谁家升起的炊烟又把远处的屋舍出卖。江上行客停舟靠岸，在异乡小酌几杯，寻三分停留的温暖，当是再好不过。在渐浓的暮色中，悠远的鱼榔声在江面上久久回荡，仿佛是来自远古的呼唤，让人不自觉地就沉醉在往事中。

龙槛沈沈水殿清，禁门深掩断人声。
吴王宴罢满宫醉，日暮水漂花出城。

——《吴宫》

世间再没有比时间更为冷漠也更为热情的东西了，在任何事情中，它永远置身其外，冷眼相看，却又处处存在，见证悲欢。千年风吹雨打，吴地风景一如往昔，姑苏台榭也未变太大模样，不过是在寥落的暮霭中，染了一层尘埃。但这里又分明不同于往日，那些硝烟战火、帝王美人、爱恨情仇，早已典当给了流年，只剩下江水拂着荇藻悠悠流向远方。

在历史的洪流面前，个人的失意终究太过渺小。李商隐站在江畔，无暇顾及自己将要沉溺的身世，而是伸手拭去姑苏台上的尘埃，让那段故事重新焕发出光彩。在吴王夫差治下，吴国的极盛与极衰一起演绎。他的父亲吴王阖闾出兵攻打越国，败于勾践重伤而归。临终前他嘱托夫差，一要兴盛国家，二要为父报仇。于是，从即位第一天起，夫差就背上了国恨家仇的重担。他励精图治，秣马厉兵，终于大败越国。勾践亲自来求和，臣事吴王，且献上天生美艳绝伦、不可方物的美人西施。此后吴国在艾陵之战中大败齐国，全歼十万齐军，并在黄池之会与中原诸侯歃血为盟，势力达到鼎盛。

站在巅峰，难免有一览众山小之感，此时杀父之仇已报，国家业已繁荣，夫差自是扬扬得意，从此荒废政事，日益奢靡，恨不能在美貌又多才的西施怀中昏睡百年。既然君王终日如在云端，如在梦乡，吴国上下也便在天下太平的大梦中渐渐睡得恹恹无神，纵使有几个耿直的臣子冒死进谏，也无力将他们唤醒。

任谁想到这幅场景，皆会浓墨重彩地将统治者的醉生梦死大肆铺陈一番，而李商隐却将其绮丽的文笔搁置起来，勾勒了一幅死寂的吴国黄昏图。平日里华灯初上时，宫殿歌管相逐，舞姿翩跹，天子大臣沉醉在佳酿杯盏中，红粉佳人沉迷于此起彼伏的夸赞中，熏风卷来花香，酣香酒浓肆意荡漾。但如今临水的轩亭收起了以往的喧嚣，在夕阳的余光中寂寥而萧索；宫门也是紧紧关闭，悄无人声。

这死一般的沉寂，让人禁不住猜想，难道是某个忧国忧民的臣子的肺腑之言吹进了君王耳中，使他幡然醒悟，决心痛改前非？抑或是天子看了黄历，说今日诸事不宜，就暂且消停一天，明日再续？但是在温柔乡中迷了心性的人哪能轻易醒转，况且君王之位本来就是为神所授，又怎会凭几颗星宿就罢了欢宴。

将种种猜测推翻后，谜底也就水落石出，整座宫殿阒静寂然，定然因君王倦怠而起。而君王此刻的疲顿并非为国事劳神，而是“满宫醉”。李商隐果然是大家手笔，仅仅用三字，就为萧然的宫殿泼上了颜色。宫廷禁苑里春光正好，金翠耀目，罗绮飘香，美人捧盏，酒杯有底，欢情无限，真是如痴如醉，一晌贪欢。

世人都信物极必反，盛极必衰。当吴王沉溺在酒肉美色中无法自拔时，国家灭亡的命运也就不远了。但他双耳已被靡靡之音塞满，又怎会知晓越国的勾践正卧薪尝胆，以期有一日王者归来。明眼人早已看出醉生梦死之后的沉寂是不祥的预兆，唯独他在龙榻上安然自若。

黄昏中的吴宫悄无人迹，唯有那御沟的流水，在暮色中不紧不慢地流淌，遥送着瓣瓣落花流出宫城。清人姚培谦在《李义山诗笺注》中有云：“花开花落，便是兴亡景象。”花已落，水将逝，城也将摧。

终于，公元前473年，勾践灭吴。不过几年的时光，吴国的盛与越国的衰就来了个颠倒。夫差也就成了失败者，作为反面教材，屡屡被后人拿来衬托勾践这个忍辱负重、逆境而起的伟大英雄。千百年来，世道原来皆是如此，成败、悲喜之间常常只是一墙之隔。霸业未起已成空，硝烟战火、歌舞欢娱，都如悬在亭台画阁上的最后一抹残阳，眨眼工夫就从视野里消失不见了。时代的兴亡盛衰，自然是个人无法左右的，即便有心之人欲要凭一己之力翻云覆雨，也往往是徒劳。况且李商隐此时自身尚且难保，又谈何扭转乾坤，眼下最紧要的事，莫过于寻找仕途的铺砖石。

故而，他将这些纷乱的思绪扬在风中，又开始寻觅机遇。在江湘之地，李商隐并非没有交好之人，叩响门环后，主人也是好生相待，但寒暄之语已然说尽，热茶也将转凉，对方还是面有难色。朝堂之上党争正闹得厉害，谁敢在圣上面前替他说句公道话？于是，他只得起身告辞，解绳行舟前还不忘回头说声后会有期。

暮色越来越深，几缕流云悄然如山，两三只倦鸟驮着最后的日色也将归巢。唯有落魄的诗人，漂泊在湘水之上，感慨个人的身世，也替同样在这里徘徊的古人悲伤。

湘波如泪色漻漻，楚厉迷魂逐恨遥。

枫树夜猿愁自断，女萝山鬼语相邀。

空归腐败犹难复，更困腥臊岂易招。

但使故乡三户在，彩丝谁惜惧长蛟！

——《楚宫》

光阴从来都是茕茕而立，不为任何人俯首称臣；宿命永远

都是趾高气扬，不为任何人低眉回首。无论是忠良清明的贤才，还是有勇有谋的志士，常常生前浪迹天涯，无地容身，死后不知魂归何处。就像楚国的屈原信而见疑，忠而被谤，唯有沉于湘江水底以明志。

湘水波光淼淼，在微风吹拂中掀起层层涟漪。而在处处碰壁的李商隐看来，这清碧深澈的湘波皆是淌不尽的泪水。水不尽，泪不止，屈原的迷魂便追逐不已，其恨也绵绵无绝期。这“泪”和“恨”是屈原的，也是诗人自己的。楚国掉进了深渊里成了一抔尘土，大唐也将成为史书上的一抹印迹。相似的时代轨道，以及雷同的个人命运，这如何能不让李商隐放下手中的桨，好好哀悼一番。

长夜漫漫，风影绰绰，猿猴哀啼，这已让人生悲，而且屈原迷魂无所归依，唯有山鬼相伴，这又将悲情推进一步。既然哀怨已无法遏止，索性就痛楚到底，毕竟酣畅淋漓地宣泄，总好过麻木不仁地下坠。即便屈原埋于黄土，尸首也会归于腐烂，任由蝼蚁噬去，魂魄无法招回，更何况是沉江而亡，葬身腥臊的鱼虾龟鳖之中？

但再深的伤口，都有时间去缝合。有良知的后人，定然会用彩丝棕箬包扎食物来祭祀屈原，让他的魂灵在水中有所安宁。那沉重的一页，已被清风翻过，如今一切都是新的。天色将要破晓，是到了诗人归去的时候了。

当初带着希冀而来，走了一遭却只惹了满身风雨。或许漫长的人生本身就是一次次无功而返的孤独旅程，除却将弯路上邂逅的风景当作收获，让尝到的苦楚化为成长的力量，再没有其他选择。本以为遭遇得已经够多，走得已经够远，却没想到，漂泊才刚刚开始。

李党执政，走马兰台

人生是一条向死而行的路，不管是天子贵胄也好，贫民庶人也罢，都再无其他归宿。“死去元知万事空”，生前兢兢业业、汲汲营营换得的一切，在生命的蜡烛熄灭后，都像是在坟茔前焚烧的纸钱，红红火火地燃烧一场，然后化作一缕青烟消失在苍茫的天地间。落红坠地化作春泥，人死之后白骨枯败，也不过是辽阔大地的一方土肥。

开成五年（840）五月，唐文宗驾崩，其弟李炎被宦官拥立继任大统，即唐武宗。你方唱罢我登场，新君王登基，宦官为排除异己，皇宫内自然又是一场争夺权力的腥风血雨。李党之首李德裕应诏回京任吏部尚书，王茂元被外任为陈许节度使，掌握了实权，李党就这般卷土重来，与牛党互换了营垒。

虽然李商隐自以为无党无派，但如今作为王茂元的女婿，被当作李党中人再自然不过。眼下李党得势，他这叶浮萍，也就暂时找到了可以避风的港湾。纵然不至于立即扶摇直上九万里，起码也不会被无端拆掉台阶，猝不及防地双脚踩空。

李商隐先是入了王茂元的陈州幕府，以华辞丽藻的骈文技巧为岳父效力。趁着顺风顺水的好时机，数月之后，即会昌二年（842），他如愿以偿通过吏部书判考试，官授秘书省正字。走过四季霜华，看过人生起承转合之后，面对拔萃超群，他淡然了许多。况且是沉是浮，是悲是欢，还要等时光来定夺。

三年之前，他为秘书省校书郎，属九品上阶；三年之后，他为秘书省正字，属九品下阶。用三年的时光，重塑当年的辉煌，不但未能更上一层楼，就连原点都望尘莫及，这不由得让他暗自苦笑。黄庭坚曾有诗云："正字不知温饱未。"连温饱问题都不能解决，何以谈延续家族书香，那兼济天下的理想抱负更成了妄想。

但无论如何，至少他还在中央政府的朝官谱系之内，凭着扬芳飞文的才华，再顺着李党这股上升势头，他由秘书入翰林，再由翰林入相也不无可能。而且，秘书郎掌管皇家图书经籍，诗书一卷，清茶一盏，便是日常工作，与李商隐品性甚为相合。闲暇时，与交好的友人饮酒斗诗，生活倒也安逸自在。

生活顺遂，爱情也就有了生长的土壤，即便最终抵不过分袂的洪流，但谁又能否认相遇的意义。翻看李商隐这段时日写下的诗歌，虽隐隐透着些许惆怅，然而那些刻骨的追忆，已化为生命的感动。

昨夜星辰昨夜风，画楼西畔桂堂东。

身无彩凤双飞翼，心有灵犀一点通。

隔座送钩春酒暖，分曹射覆蜡灯红。

嗟余听鼓应官去，走马兰台类转蓬。

——《无题》其一

世间最奇妙的两件事莫过于：人所不知道的东西，并不代表它不存在；人所知道的，有时又难以言说。故而老子说："道可道，非常道；名可名，非常名。"李商隐用一系列无题诗说：诗可诗，非常诗；情可情，非常情。在他的这类辞藻华美的谜题面前，语言常常苍白无力。对解谜的热衷，似乎是人类的天性。古代文人雅士喜欢以字谜和诗谜醒酒找乐，平民百姓则对一年一度的元宵灯谜会大有期待。

大家对造谜和解谜的热衷，投射到文学上更是丰富多彩。撇开那些简单明了的藏头诗、咏物谜不算，意向所指颇为丰富的诗词更是有着扑朔迷离的不定解，真可谓"一千个人眼中就有一千个哈姆雷特"。正因为李商隐的无题诗写得隐晦曲折、雾霭朦胧，千百年不仅魅惑不减，反而任由他一再将人们带往装饰着精美漆画的楼阁以西，以桂木作为椽柱的厅堂以东。

这也许是酒酣耳热、夜宴正欢时，设宴主人的院落中一个树影摇曳、远离喧嚣的清幽之地。这样旖旎的氛围难免让人产生微醺的联想，进而期待诗人向我们讲述在那个凉风泠然、春风沉醉的夜晚发生的故事。但读者并未如愿以偿，他只愿扮演引路人，拒绝当解说者。借由华丽意象的指引，我们可以轻易地在李商隐内心的秘密花园中徘徊，尽情猜测那些缱绻的景致，却也只能如此而已。诗人藏匿了仅供自己回味的真实细节和微妙情感，也许不便让人得知，抑或舍不得与人分享。

故而，当我们还在拼凑诗人的浪漫故事时，这位在酒席上微醺的秘书郎，并没有停下来等我们，而是笔锋一转，自顾自地在颔联中写下了相思的诗行。人们尚未搞清楚诗人念想之人

究竟是谁，但也许是因为他有意无意地隐藏了相思对象，这种追忆反而更为纯粹和宽广，也更能引起普遍共鸣。

“身无彩凤双飞翼，心有灵犀一点通”。一双和一单的对比让人很容易联想到李清照的哀吟：一种相思，两处闲愁。

李清照最终落足于“闲愁”，和丈夫分居两地，却感同身受的遥想，固然使她得到短暂的快慰，然而浓云般的愁绪还是在片刻阳光之后再次聚拢。李商隐却不一样，他虽然恨自己身上长不出凤凰般的五彩羽翼飞到爱人身边，却很快从内心深处获得了感召和启示：因为相知之深，彼此的默契就像灵异的犀牛角一样息息相通。

李商隐从痛苦中熬制出甜蜜，从寂寞中煎酿出期待，将相思的苦恼和心心相印的慰藉契合得天衣无缝，描摹出情致正浓却又不能继续相守的恋人间那种撩人心魄的痴缠。而从陈旧典故中走出来的“灵犀”，自此更成为两心相印的绝佳代表。

诗人并未直言那场情事，也未曾道明所思女子，但这又何妨？每个人心里都有一个秘境，仅仅向众人展露一角就已足够品味半生。世间本不存在唯一，又何必汲汲寻找扼杀绮丽想象力的“确定性”，美的感受就是最大的恩赐。正如梁启超所说：“李商隐的诗，讲的什么事，我理会不着，但我觉得他美。”这已经足够。诗人由婆娑的树影下，走回宾客众多、觥筹交错的客堂后，两人独处的曼妙情景依然历历在目，但所有的感受也就瞬时淹没在嘈嘈切切的喧嚣之中。宴席一如既往地热闹，人们行酒划拳，玩着隔座送钩、分组射覆的古老游戏。“酒暖”和“灯红”更捎带出醉人的春意。在夜阑静处交互心意，甚至以吻封缄过的那位女子，此时或许正风情万种地坐在席间，与众多对她钟情的男子一起畅饮。她巧笑倩兮，八面玲珑，只有不时向诗人投来的目光透着点点羞涩和纯真。

无奈，狂欢终归是一群人的孤单，而南朝的王籍更是早就道出了“蝉噪林愈静，鸟鸣山更幽”的真谛。饮宴越是热闹无忌，诗人便越是不舍这难得的欢愉；越是贪欢，在更鼓报晓前离开的遗憾便越浓。楼内笙歌未歇，楼外鼓声已响，晨晓到来之时爱情也便悄然落幕。一想到天亮还要去做那个无所事事的秘书郎，诗人就更加悲哀，四处飘零、居无定所的差事就像近来蓬草般的人生际遇那样令人叹息。

所有的暧昧之处，诗人当然都没有说明。我们只能列举种种臆测中的一番可能，甚至到了最后还是忍不住反问，这会不会只是一个游离的梦境？本来无一物，何处惹尘埃。滚滚红尘和种种烦恼皆由心生，然而这也许就是多情善感之人西西弗斯式的宿命。李商隐若是泉下有知，不知道会不会站在谜题之外，嘲笑诸君仍然于梦境的“当时”跌跌撞撞，步履蹒跚。

爱情本就是一个扑朔迷离的局，局外人隔岸观火，不知其内究竟如何；局内人身在火海中，被烟雾呛得喘不过气。它只能体会，不可言说；只能在不经意间相遇，无法刻意去追求。于是李商隐以“无题”为它命名，用来追忆守候已经逝去的美丽。

闻道阊门萼绿华，昔年相望抵天涯。

岂知一夜秦楼客，偷看吴王苑内花。

——《无题》其二

萼绿华本是一位仙人，曾在晋穆帝时，夜降羊权家。在此诗中李商隐将萼绿华指代为自己仰慕许久的貌美女子，寻遍天涯海角也未能与之相见。却不期然，在那个星光闪烁、微风轻拂的春夜，他如同在秦楼吹箫的萧史一般，居然偷偷观赏吴王苑内堪与西施媲美的娇媚之花。这一首《无题》乍然一看，似是上一首的谜底，虽然有着意料之外的惊喜，但更多的是望而不得的惆怅与寂寞。

这寂寞，是藏在热闹里的寂寞，更是和谐外表下的暗流涌动。当初锣鼓喧天地做了秘书郎，踏进官场后，才恍然发现这里全是大戏散场后灯火尽消的冷清，甚至连爱情也不得保全。那些真实得如同梦境的遇合，温暖得令人恐慌的情愫，也唯有在清墨中化为一个个无解的谜题。如若来生可以选择，或许他会放下熙熙攘攘的名利，做一个只赏苑内花的秦楼客。

卷四　君问归期未有期

解官服丧，闲居永乐

钱锺书的《围城》道出了世人的生活状态，围在城里的人想逃出来，在城外的人想冲进去。于是，在漫长的年月中，红尘滚滚，无一处不是喧嚣。其实，仔细想想，一堵不动的城墙，又怎能阻止多智的世人到达想去的地方，不过是人心有了羁绊，脚步生了踌躇，想要改变目前的境遇，也就难似登天。

李商隐倾尽全力从幕府中逃出来，顺着科举的阶梯爬进了秘书省，虽品级不高，与幕僚比起来，也算得上一份体面的官职。然而，他又觉得这里死气沉沉，丝毫嗅不到梦想的气息，恨不能立即翻墙而过跳到城外。此时他大可以潇洒地递交一份辞呈，像辞掉弘农县的县尉那般一走了之，自去过他的两袖清风，但现实已经容不下他的第二次任性。

正当他困在秘书省的龃龉中时，母亲病逝的消息传来，悲恸欲绝的他唯有解官三年，为母亲丁忧守丧。一波未平一波又起，李商隐刚刚办妥母亲的丧事，又惊闻岳父王茂元在征讨叛军途中不幸亡故。母亲与岳父，一是倦后可以停泊的港湾，一是仕途上可以倚靠的拐杖，两人相继谢世，他的双翅也就生生被折断。

接二连三的打击，使他心灰意冷。所谓哀莫大于心死，与挫败本身相比，灰心更如驱不散的蛊毒，将世人的活力一寸寸吞噬。三年守丧光阴，并不算长久，不过是几度花开花落，但对李商隐来说，每一日都是折磨，长安的热闹与繁华全是旁人的，与他并不相干。故而在尚未服阕时，他携着妻子逃离了这里，举家迁至蒲州永乐。

永乐县前望浩浩荡荡的黄河，背靠绵延不绝的中条山脉，地理位置险要，风光旖旎秀丽。且此地才人辈出，舜帝、柳宗元、王维、司空图等堪称历代英杰，声名远扬。所谓身处胜景能忘尘事，李商隐来到这景致与人文俱佳的永乐县，每日与山川相对，与黄河相向，生活便渐渐洗去了浮花浪蕊，露出了本真质朴的姿态，就连此前不曾留心的一花一草，都能使他陶醉。

寻芳不觉醉流霞，倚树沉眠日已斜。
客散酒醒深夜后，更持红烛赏残花。

——《花下醉》

在一座小村庄结庐筑室，屋前植花，房后栽柳，一卷诗书，一盏热茶便可消磨一日。兴致高时，也会饮上三杯两盏淡酒，拨弄几下嘈嘈切切的琴弦。虽然他并没有打算此后隐居于此，再不问政事，但这暂时远离车马喧闹的日子，也确实让人感到惬意。

“花间一壶酒，独酌无相亲”，意境美则美矣，到底有些落寞，如若有三五好友小酌一番，想必会别有情趣。于是李商隐让妻子王氏摆上几个小菜，又端来一壶美酒，隔着篱笆唤来邻里，想要一醉方休。或许，饮酒之意并不在酒，而在醉，酒精不过是一个中介，起着麻痹作用的可以是貌美如西子的佳

人，也可以是名利双收的仕途。几杯酒下肚后东摇西摆，分不清是梦是醒，谁彼谁此。都无妨，如若有人怪罪，则大可把责任推给美酒。有着“醉翁”别号的欧阳修就是将欣赏山光水色的乐趣，寄托在了饮酒上。

而李商隐这次醉，不为美人，不为仕途，亦不为山川，而是由花而起。当客人兴致正浓，频频碰杯时，他却悄悄退了出来，怀着殷切的心情，独自去“寻芳”。踉踉跄跄的脚步，并不影响他前行，倒是那浓厚的兴趣与亢奋的酒劲儿，催促着他走出篱笆门，又斜穿过弯曲的小径，终于在村口的溪边寻到了一棵花树。

诗人并未道明花有多美，多艳丽，只是说自己忍不住醉了。诗人也并未交代清楚自己醉意横生，到底是因寻芳之前沾了酒，还是因寻芳途中心情飘飘然，抑或是寻芳有果，因花灿若流霞而深深沉迷。反正诗人是醉了，而且这醉并非浅醉，而是目眩神迷，身心俱醉。不知不觉，他竟倚着这棵花树渐渐沉入梦中。

兴许是梦中也带着花的醉人芳香，李商隐久久舍不得醒来。待他睁开惺忪睡眼之时，已是日暮黄昏。拖着轻飘飘的身子，带着醺醺然的醉意，他开始原路返回，却始终未能将落在头上的花瓣忘却。夜已过半，客人都零零落落地散去，桌上残羹剩酒一片狼藉，四周皆陷入了岑寂。但李商隐到底是爱花之人，决意要做一个不打折扣的醉花客。

酒阑人稀，恰好静观细赏；酒醒志清，定与醉眼婆娑中赏花有别。况且今日繁花盛开，艳似云霞，经一场疏雨，明日晨晓掀帘而望时，说不定便是绿肥红瘦。故而，为了抓住这行将消逝的美，他在夜色朦胧中，手秉红烛，欣赏这残花在生命最后，瞬间泛出的奇异光华。

有人说这是痴，可古往今来，痴人并非李商隐一人。苏轼一句“只恐夜深花睡去”更是绝妙。当月光转过回廊，再照不到海棠花上，他竟不忍将花独留在暗处，干脆点起蜡烛以烛光为海棠花驱散黑暗，大有与花相伴、通宵达旦之意，真不知这是诗人之幸，还是海棠之幸。看来苏东坡似乎比李商隐还要痴迷几分。清人马位说：“李义山诗‘客散酒醒深夜后，更持红烛赏残花’，有雅人深致；苏子瞻‘只恐夜深花睡去，高烧银烛照红妆’，有富贵气象。二子爱花兴复不浅。”说得极是。

但这都抵不过红楼惜花人林黛玉，她宁愿多费些心力将之埋入花冢，也不肯让落花逐流水。黛玉爱美怜花的细密心思源自她本人的高洁，而非一时心血来潮。细细思量，李商隐与这个大观园中的女子，倒是有几分相似，天生的才华，敏感的情思，完美主义的理想，却没能逃脱坎坷、锥心刻骨的命运。

然而两人又不甚相同。同是性情中人，黛玉心里多是女儿家的小情怀，而李商隐则自然而然地把自己放置在了大时空中。故而，黛玉惜花不过是对花的怜悯，而李商隐赏残花，定是想到了自己的身世，觉得自己仿佛就是明日那铺满小径的落红。残缺凋零的花，比起白天张扬盛开的花簇来，更具有迷人的气质。李商隐对这种孤寂的美了然于心，但在欣赏之余，更多的是悲叹。他懂得这黑夜里烛光照亮的稀稀落落的花丛中，有一朵是他自己。

高阁客竟去，小园花乱飞。

参差连曲陌，迢递送斜晖。

肠断未忍扫，眼穿仍欲稀。

芳心向春尽，所得是沾衣。

——《落花》

有人身处闹市，却恍如隐于鸡鸣狗吠的乡间；而有人乘月而行，持酒而饮，却仍对滚滚红尘念念不忘，这一切皆在人心。李商隐来到这风光秀美、民风淳朴的永乐之地，理当悠哉游哉才是，但那颗向往长安的心，终究不肯沉寂下来。花开花落，本是再寻常不过的自然规律，可他偏要认为在光阴逼仄的甬道里，锦瑟华年也将随之凋零。

那一日，本来天气晴好，枝上姹紫嫣红，又有友人相伴，好酒盈樽，猜拳斗诗，好不乐乎。然而天地自是有翻云覆雨的能力，倏忽间，这番美景良辰便荡然无存。斜风穿堂而过，满园乱花翻飞，好似一阵姹紫嫣红的急雨。这本已凄楚难堪，又恰逢客人纷纷停杯离席，如何不让人伤感。人去楼空，唯有落花自顾自地舞，唯留诗人在原地惶然踟蹰。此时，“乱”的何止是纷飞的落英，更是诗人没有着落的心情。

飞花飘飘洒洒，高高低低，先后相接，铺满了弯曲的小路，一直绵延到遥远的天边，似乎在与落日道别。这怎能不让敏感的诗人产生同病相怜之感？夕阳之下，落花委积在地，愈来愈多，不禁让人柔肠寸断，但诗人又不忍将落花扫去，生怕连最后一点春的气息都挽留不下。他望眼欲穿，那些花瓣却越飘越远，终究回到大自然中去了。落花化为春泥，纵然不若在枝头如意，到底也算一种归宿。而苍茫世间，李商隐却不知自己可以停泊在何处。

诗人空有爱花之心，却无计留春住，只得泪落沾衣。这泪又何尝不是为自己而淌，他少时便心怀壮志，愿如美丽的春花一般，点缀晚唐的春天，却无端陷入党争旋涡，仕途蹭蹬，空把年华蹉跎，只得以悲叹沾衣收场。

在这娑婆的世间，熙熙攘攘，红尘飞扬，唯有勇于放下，方能不惧山河更改，岁月变迁。但谁又能说放下就放下，坦坦荡荡只活在自己的一方世界里？儒家的宠辱不惊与道家的超然物外，固然令人敬佩，然而落到现实中，却也不过是天方夜谭。况且这放下的过程，又是沧海桑田的辗转，此时的李商隐就像日晷上的晷针，不停地移动着自己的影子。一面在李党的阵营中步步深陷，而落在牛党中的那只脚仍无法彻底拔出，左右摇摆中便把前路堵死。

花落是自然规律，他下坠却是人为因素；落花尚有人怜惜，他凋零却无人顾及。看来这将倾的时代，到底不解世人心底事。这场漫漫坠落的旅程，终究要他一个人走完。

牛党得势，夹缝求生

在人生的戏台上，谁都不是永远的主角。所谓十年河西，十年河东，一个落幕的距离，生旦净末丑的悲欢就要重新被演绎，唯有那绿水青山万古不变。

李商隐服丧期满，又做回了秘书省正字。可今日已然不同往日，没有了岳父的提拔，谁会留意他这个低级官员的去留与生死。况且此时唐武宗因大量服食丹药已病入膏肓，朝中上下又涌起一股浪潮，李商隐不过是其中的一叶扁舟，根本无从左右自己的命运，是被风浪托起，还是被浪头打下，全凭造化。

会昌六年（846），唐武宗驾崩，宦官拥立光王李忱为唐宣宗。天地风云乍变，人间戏剧也换了布景，换了演员。唐武宗倚重的李党从主角的位子上摔下来，牛党便趁机而上，敲锣打鼓地主导了戏剧的剧情与发展。李德裕被贬为潮州司马，李党成员纷纷被外放。与此同时牛僧孺被召为衡州长史，牛党成员被重新提拔重用。一时间，朝廷政局便乾坤倒转，牛党也挽回了此前一再被压制的颜面。

李商隐虽然从未在舞台上做过主角，但在这改换天日的猛烈浪潮中，还是未能幸免。他缺席了李党在朝中如鱼得水的盛宴，却赶上了牛党斩尽杀绝的残羹，在左右排挤中，从头到尾都做着这场戏剧的陪衬，用华丽的舞姿倾尽全力舞着自己的悲伤。

君恩如水向东流，得宠忧移失宠愁。

莫向樽前奏花落，凉风只在殿西头。

——《宫辞》

李商隐所处的晚唐，已是大厦将倾。盛唐的热闹，在此时不过是遥远山谷传过来的一缕回声。藩镇跋扈，宦官窃柄，内乱外患，相逼而至，更有朋党之争，又为唐王朝走向崩溃增了砝码。混乱是争抢的最佳时机，台上粉墨登场的戏子拼了命地要占据显要的位置，以期永远主宰这场风云戏剧。

而唯有始终在苦痛与动荡中挣扎的李商隐，懂得除却光阴本身，世间并不存在永恒。人间草木，荣枯是寻常；一场戏剧，落幕也再自然不过。山河都可以易主，舞台上哪里会有永远的主角。那云集三千佳丽的后宫，更是斗转星移，皇恩无所定。天之骄子自有“三宫六院，七十二妃嫔”，但她们并非毫无秩序。根据唐朝后宫制度，皇后为帝王的唯一合法正妻，皇后之下有夫人四人，即贵妃、淑妃、德妃、贤妃；夫人之下又有九嫔，即昭仪、昭容、昭媛、修仪、修容、修媛、充仪、充容、充媛；九嫔之下还有婕妤、美人、才人各九人；其下再有宝林、御女、采女各二十七人。

这妻妾成群的队伍，貌美如花者自然比比皆是，琴棋书画兼工者更是大有人在，美貌与美德占全之人也未必能轻易数得过来。她们把青春寄存在这偌大的宝殿，锁进这毫无生气的后宫，无非是求得皇帝一顾，一朝由麻雀变为凤凰，在枝头亭亭玉立。然而，将年华都押在此处，终究会落得买椟还珠的下场。

君恩恰似流水，即便今日得宠，得到了如同陈阿娇那般“金屋藏娇”的许诺，谁敢保证明日不会幽闭长门宫。况且得宠时，又有几人不战战兢兢害怕明日便成为一场梦。无论是得到抑或是失去，她们皆是君王寻欢作乐的一枚棋子，欢愉时取之用之，消沉时便扔之弃之，而她们除却接受这盘被操纵的棋局，别无他法。

当然也有敢作敢为的女子，不甘心到头来只做一个白头宫女，便上演了一出出惊心动魄的宫心计。但螳螂捕蝉，黄雀在后，在竭尽心智陷害旁人时，却冷不丁地被暗处的毒箭射中。争到最后，多半是两败俱伤。

后宫如是，前朝又有何分别？李党与牛党的争宠大戏，自唐宪宗起，此起彼伏，轮番上演，至此已是四十余年。李商隐本无心在党争中分得一杯羹，不过是入了王茂元的幕府，娶了她的女儿，便这般不分青红皂白地被拉入两党的夹缝中，被推过来又搡过去，在失意与叹息中过完这一生。

流水已经远去，而停在原地的人，依然在旧日得宠的梦中，嫁接着新的梦。殊不知，轻舟已过万重山。温情完满的故事，大多会在岁月中渐渐被改写。当年班婕妤入宫时已出落得袅袅娉婷，她貌美、聪慧，更有着世间少有的才情。恰巧此时，皇后许氏已人老珠黄，失去恩宠，素来好美色的汉成帝正欲寻觅一名可以替代许皇后之人，班婕妤便适时出现了。如若说这是命运，只怕也太过巧合了些。随后君王自是集万千恩宠于班婕妤一身，不仅为她的美貌所倾倒，更为她与生俱来的清淡气质所折服。

但爱往往是来时比海汹涌，去时比山谷更为沉寂。赵飞燕姐妹入宫，正是班婕妤寂寞的起点。她不愿在爱欲角逐里争夺，故而自动后退，前往长信宫侍奉王太后。但在沉寂的午后，她也难免寂寞，于是她以团扇自比，填下一首《怨歌行》，道出了这人世间翻云覆雨的变幻。班婕妤声声自问，本是干净如雪，代表了浓情蜜意的团扇，一直被捧在君王的怀中，微摇清风，驱除暑气，怎的就突然被扔弃在一旁，将一切恩情通通决绝。

后人都说这诗做得实在是好，钟嵘《诗品》评此诗说：“《团扇》短章，辞旨清捷，怨深文绮，得匹妇之致。”但做得再好又有何用，那深如汪洋的后宫之中，才情并不是令女人立于不败之地的法宝，反倒是那销魂的风情，才能捕获帝王的心，得到帝王的宠幸。

因此，莫要在殿前吹奏那首销魂蚀魄的《梅花落》了，凉风一至，再娇艳的花也会簌簌飘落。如若后宫红颜知晓，预支美貌是这样的结局，想必都不会走上这样一条不归路。

佛家有语，回头是岸。但不是所有的回头都有舟楫等待，更何况光阴向前而行，哪里容许世人原路返回。李商隐这首替宫女怨诽的《宫辞》，正道出了他此刻的生存困境。前路已被折断，回首又是无底深渊，就连脚下这方土地，也正一寸寸被剥夺侵占，而他能做的也唯有像被冷落的宫人一样，在清冷的后宫，独自哀怨。

长长汉殿眉，窄窄楚宫衣。

镜好鸾空舞，帘疏燕误飞。

君王不可问，昨夜约黄归。

——《效长吉》

刘大杰在《中国文学发展史》中写道：“晚唐的诗歌，复活了梁陈的宫体色情，更加以冷艳化；采取孟韩的技巧主义，

更加细密化；披上了唯美主义的香艳衣裳，涂满了神秘象征的色调……领导这一新文学运动的最好成绩是开始于李贺，而完成于李商隐。”李商隐的坎坷人生与绝世才华，与李贺颇有近似之处，故而李商隐要效长吉，用繁复的意象、凄艳的笔调，宣泄他内心华丽的悲伤。艳中是冷，扬中含抑，不经意间掀开这层繁缛的装饰，看到的便是触目惊心的凄凉。

然而这首诗，他信誓旦旦、大张旗鼓地扣上了“效长吉”的帽子，却并未见到李贺明晰的影子，反倒如刚出浴的美人一般，以清纯的姿态走进世人眼中。想必李商隐将前辈拉出来，并不打算只让他做一个虚张声势的幌子。此时诗人深陷泥淖，前有猛虎，后有豺狼，正是李贺命运的翻版。故而这首仿效李贺的诗歌，如同雪中红莲、三更圆月，寄托幽怀的目的再明显不过。

李商隐将自己比作一个宫女，她那颜色略淡、清秀净朗的双眉，含着若有若无的情意，又带着淡淡的哀愁。那纤细的腰肢好似风中婀娜摆动的柳枝，让人无法错开视线。但她并非以色夺人的花瓶，而是如赵飞燕一样善舞的舞者，舞动起来时体态轻盈，恰能令人想到曹植《洛神赋》中“凌波微步，罗袜生尘”八字。然而，一曲终了，管弦尽停，也不见有人来赏。倒是不解风情的燕子，误入疏帘闯进了她的寝宫，惊扰了这一潭寂寞春水。

谋爱之人，反被爱禁锢。她捧着一颗芳心希望被君王俘获，但这一番等待终究归了落寞。如花面容掩不住些许倦意，黛眉微微蹙起，蕊黄也渐转淡薄，她的心事也唯有这凄凉的风月知晓。如若这般老去，再无什么事情惊扰，也不失为一种安然的幸福。可她正值芳华，还未在人生的舞台上尽情跳一支舞，又怎舍得黯然退场。

李商隐与这困在后宫的女子又有何分别。才华横溢、妙笔生花自是不用说，那一腔致君尧舜的赤诚之心更是难得，但仍是难以摆脱无人问津的宿命。世间最为尴尬的事情，莫过于舍不得，又得不到。说这是贪婪也好，说这是梦想也罢，李商隐的大半生，终究要在夹缝中一面唱着恋恋不舍的曲子，一面与他向往的仕途渐行渐远渐无期。

追随郑亚，同赴桂林

人们都想用生命来织就一匹锦绣绫罗，却总是在还未完成时，就看到它在余下的岁月中，被人渐渐拆解。甚至自己也会不自觉地充当破坏的帮凶，看它重新变成一堆乱麻，被搁置在角落，布满灰尘。李商隐与梦想的距离，便隔着这匹锦缎，唯有踩着它走过，方能到达彼岸，但这日渐消解成细丝的布匹，又怎能撑得起他的重量。

唐宣宗即位后，李德裕遭贬，其最为得力的助手郑亚也在劫难逃，被贬为桂州刺史，兼任桂管都防御经略使。郑亚聪悟绝伦，为李商隐的同乡，与李商隐甚为交好。既然所谓的追求已站立成绝望的姿势，李商隐又何必在这方始终开不出花朵的土壤上耗费精力。故而当郑亚向李商隐送来橄榄枝，请他同赴桂林，入聘桂林幕府时，他便答应了。

明眼之人早已看出，李党早已没有绝地反击的机会，郑亚此番远行必是有去无回，李商隐尾随其后，绝非明智之举。况且这般公然站在李党的行列里，难免不引来牛党众人的愤恨。他这一去，犹如依山而走的行者，忽然失足掉下悬崖，尚且来不及呼救，便已粉身碎骨。每一次做出的决定，其实就是手中落下的棋子，落下去后便没有反悔的余地。大中元年（847），长安依旧柳绿花红，月明风清，但总有些腥风血雨，暗流涌动。三月，李商隐辞家随郑亚离京而去。

犹记得第一次南行，是为仕途寻找突破口，而这一次却是一点点将出口堵住。离长安有多远，自少年时编织的梦想也就有多渺茫。纵然南国风景独好，到处是亭台楼榭，小桥流水，莺啼蝶舞，还有吴侬软语沁人心脾，但茫然没有着落的思绪为这景致添了三分暗淡。

一路上，他们骑马换舟，由陆路转为水路，行至江陵时，便作下了这首《荆门西下》，让后人有机会看到他眼中此地的风光，窥探他此时的心情。

一夕南风一叶危，荆云回望夏云时。
人生岂得轻离别，天意何曾忌险巇？
骨肉书题安绝徼，蕙兰蹊径失佳期。
洞庭湖阔蛟龙恶，却羡杨朱泣路岐。

——《荆门西下》

世间万物皆是风景，只因心境不同，景致也就变得或明或暗。当年李白被贬，乘舟渡过江陵时，忽然闻晓大赦圣令，不禁欣喜若狂，写下“朝辞白帝彩云间，千里江陵一日还。两岸猿声啼不住，轻舟已过万重山”。重获新生，即便听到令人泪下沾裳的猿啼，也觉得是为他欢呼相送，顺风顺水更是让李白心情荡漾，仿若一日便可行上千里抵达长安。

而李商隐行在当年李白经过的江上，却没有他那份欣喜。只觉这叶摇摇晃晃的小舟，不知何时便会在风浪中被掀翻，再加上南风相阻，更觉行路之难。回望荆州来路，早已是云雾缭绕，漫漶不清。

李白代表的是盛唐气象，李商隐则是晚唐情韵，无论个人或是时代，后者的气质都显得有点纤弱、哀伤。就连分别之时，盛唐都是“莫愁前路无知己，天下谁人不识君”的意气风发，而到了气数将尽的晚唐，李商隐则一遍遍惆怅地诘问，人生为何总是轻言离别。

不知是命运的垂青还是戏弄，他穿越树影如牢狱般的山谷，又跋涉深而远的险滩，曾以为如若始终遵循天道，坚持政治思想，这磕磕绊绊的经历终会给他一个交代，让他迎来另一片澄明的境界。却不期然信奉天意的结果，是又一次踏上了更为崎岖的路径。

妻子在书信中千叮咛万嘱咐，劝慰他安于绝域，江湖险恶，不必牵挂家中。李商隐处在荆门之地，欲要转身返回，却早已寻不见蕙兰蹊径。若要狠下心来划动舟楫，前方即是水深浪阔、蛟龙覆舟的洞庭湖。

人生中所有的选择都有风险，所有的放下都要付出代价。

况且主动选择难免痛苦纠结，被动选择又觉悲哀无奈，生怕一步走错满盘皆输。战国时杨朱在十字路口走错半步，到觉悟后便觉已经差之千里，不禁为此哭泣。而李商隐站在归乡与前进的岔路口，无论左拐还是右行，都将跌入万劫不复的深渊。原来，选择于他，不过是一次痛楚的挣扎。挣扎过后，仍是宿命为他做出继续漂泊的决定。鲁迅说过，梦醒了，便无路可走。

其实，并非没有道路可走，而是无法走顺合心意、实现梦想的路。于是，当无数年轻士子和白发书生仍然越千山蹚万水，只为闯入象征权力与富贵的长安时，早已看透官场规则的李商隐只得逆向而行，将自己放逐到帝京以外。

乘舟走过南风阻截的江陵，他又来到浩荡迂回、山峦突兀的洞庭湖。风起处，白茅萧萧；云水间，满眼凄恻。李商隐看到这般萧索之景，难免生出无限惆怅。

梦泽悲风动白茅，楚王葬尽满城娇。

未知歌舞能多少，虚减宫厨为细腰。

——《梦泽》

楚地有云、梦二泽，云泽在江北，梦泽在江南，即今洞庭湖一带。秋日本就易让人感伤，况且这茫茫湖泽荒野，极目所见，唯有蔓延连绵的白茅，这悲凉肃杀的气氛，更让李商隐觉出人生的不如意。

《左传》杜注：“茅，菁茅也。束茅而灌之以酒，为缩酒。”这一带原是楚国旧地，楚国曾每年向周天子进贡包茅，以供祭祀时滤酒用。有白茅作为凄凉布景，又有贡奉之事作为点缀，楚国的往事就如砚中之墨一般，被研磨后，渐渐氤氲开来。

楚灵王酷爱细腰的故事，典籍中多有记载，《墨子》有云："楚灵王好细腰，其臣皆三饭为节。"《后汉书·马廖传》亦道："楚王好细腰，宫中多饿死。"想必李商隐眼前这一座座坟冢，埋葬的正是为细腰而断送青春与生命的女子吧。帝王固然是千古悲剧的制造者，但如若她们不去歌舞献媚，又何至于落得如此下场。

宫女拼命节食减膳、束紧腰围，在天子面前轻歌曼舞，以自己绰约纤柔的风姿，去博得君王一顾之时，想到自己不久将成白骨之人，又有几何？词人在为这些争宠的宫女感到悲哀时，又何曾不是在讽刺当今的时局。然而喟叹一番又能如何，身处长安时，尚不能有丝毫改变，如今身在千里之外，更是有心无力。

既然回首之路已被烟尘阻隔，那就继续走吧，从此天涯海角都是归宿。心里积存了太多的苦，路途就会变得更加泥泞，每走一步都要沉陷，直至深陷而不能自拔。人的意志诚然刚强而柔韧，在承受了巨大的痛苦后还有潜力可挖，但是聪明的人会为自己解脱。冬天的松林里，大多数松树都不会被雪压弯，它自知承受不了太多，于是会适时抖动枝丫，雪自然就落了，那些或因愚钝或因固执而一动不动的，常常未至成材就已弯折。

李商隐不是不想做聪明人，把郁积在胸中的愁苦释放，可他从来就不是洒脱之人，仕途蹭蹬自不必说，妻离子散的苦更是让他难以承受。每走一步，身上的担子就添一分重量，故而历经艰难险阻，险恶风波，最终抵达桂林后，险些连腰都直不起。

城窄山将压，江宽地共浮。
东南通绝域，西北有高楼。
神护青枫岸，龙移白石湫。
殊乡竟何祷？箫鼓不曾休。

——《桂林》

桂林风光旖旎秀丽，素来有“山水甲天下”之称，但景致美则美矣，终究是未曾开化的南蛮之地。见惯了长安的繁华，初来乍到的诗人看到这里险象环生，难免提心吊胆，抑郁难当。

桂林处古严关之南，是中原与岭南相通的咽喉要地，城地狭小窄隘，山势险峻嶙峋，漓江汹涌澎湃。其西北又有逍遥楼，诗人常常登于其上，北望中原，以抒怀乡之情。这森然景致，固然教人生悲，但那些骇人听闻的传言，更让人战栗、惊惧。相传，青枫桥附近有蛟精塘，内藏妖蜃害人。南齐永明年间，始安内史裴昭明梦见神女授意于他，让他在白石湫禁锢妖蜃。于是他便在白石湫旁边建立祠祭祀，自此以后水患遂平，百姓康乐，舟旅平安。

于是，此地到处都有祠堂，那汹涌的波涛，喧天的乐鼓，不绝于耳的祷告声，常常让人心情阴郁不明。

在这座环堵萧然的城市中，诗人在心底默然上演着悲伤。有人说，那曾使我们的心刚硬和受苦的，也必然会在某时，使我们的心再度如春水般温润、澄澈。而对李商隐来说，他始终未能找到一种恰当的方式，偿还此生所有的疲惫、劳苦和悲伤，他只能徒然怅恨着，哀叹着自己的奔波，连心情也一直在流浪，却不曾找到一个真正可以立足和安心的地方。

这场自出生起便开始的下坠，在南疆的漂泊中开始加速，那自欺欺人的飞翔姿态，再也骗不了他。

患难真情，苦中作乐

深居俯夹城，春去夏犹清。
天意怜幽草，人间重晚晴。
并添高阁迥，微注小窗明。
越鸟巢干后，归飞体更轻。

——《晚晴》

当李商隐在桂林幕府，看到阵雨初歇、霞光渐落的景致后，他或许尚未想到自己会就此写下一曲流传千古的诗，亦不会料到，这片难得的晴朗，竟然为整部《玉溪生诗集》添了一抹少有的亮色。

此时，他已不再年轻。

都道年岁消长，那些痛彻心扉的悲凉早就漫过皮肤，内化为滋养生命的骨血。此时该拿得起、放得下，与时光握手言好，与岁月不计前嫌，达观而释然、朴素而圆润。即使做不到心如止水，至少再不会大悲大喜，也越来越能在混沌的江湖中，顿悟自然给予的暗示。

草木山石固然生于谦卑的角落，但比起人类，则更为执着，也更慈悲。少年时，人们趾高气扬，不知远方有多遥远、多艰险，也就无惧无畏。眼之所及尽是明艳鲜活的自己，就连那千娇百媚的佳人，倒映在水中时，浮荡的也是自己的影子。哪里会低头去赏一朵花的开落，去看一株草的枯荣，甚至那雨后初晴的天气，也像是专门为自己出行做的准备。

待路上的风霜雨雪渐渐将傲慢的心性压制下去，岁月悄悄在脸上留下痕迹，抬着的头颅也就懂得了低下，注意到脚边的生命。

李商隐一直在歧路上颠簸，自然比旁人更懂得珍惜的意义，也更能领悟自然界的阴晴变幻。所以，身处遥远的南疆，看到阳光透过枝丫铺满青苔，射进幽深的小巷时，他感受到的不仅仅是明朗，更是一则有关自然、有关人生的寓言。离开长安，离开秘书省，也就等于放逐了梦想。再加上这南蛮之地险象环生，李商隐的心情就像四点钟的黎明，一切都是模糊，一切都是瑟缩。况且雨一场接一场地下，淅淅沥沥，就连见一次晴天都成了奢望。

如若终日将自己囚禁在阴郁中，却又时时刻刻想要逃出牢笼，枷锁只会越来越沉重。既然一切都成定局，改变已成妄想，唯有接受才算是解脱。李商隐早已领悟了这般残酷的道理，故而，他在逆境中慢慢学会了苦中作乐。

除却心态渐渐平和，郑亚的厚待、繁忙的公文起草与写作，也日益拂去身处异乡的种种不适。所谓患难见真情，在这人生地不熟的南蛮之所，李商隐毫无怨言的追随与扶持，足以让郑亚感知到他是唯一可以信任的人。于是，初到桂林，郑亚便聘李商隐为掌书记，不久又任他为支使、检校水部员外郎，职位仅次于正、副观察使，为从六品上阶京衔，远远高过他以往的官职。或许他这叶小舟，永远无法驶进江河的主干道，但他从不因此而放纵、堕落。他到底是活得认真的，始终相信豁然开朗的那一日终究会来。

况且，山河换主不过瞬间，今日牛党当政，说不定明日曙光穿透窗棂时，李党已经卷土重来。都说，热爱生活的人，不会一直沉在海底。尽管李商隐的心绪快要被春雨浸泡得发酵，但他还是坐在书桌前耐心地将郑亚托付的公文认真完成，不仅是为了不辜负郑亚的信任，也是对自己负责。

时光的转移从不留下痕迹，不知不觉日已西斜，就连那淅淅沥沥的春雨，也不知在几时停了。雨堪称最为有效的过滤器，枝叶上的灰尘、空气里的污垢、大地上的浑浊，都被冲刷得干干净净，甚至那笼罩在心上的阴影，也被擦拭得透亮。久雨初晴，如若天边再挂上一道彩虹，当是老天最奢华的赏赐。

李商隐看到夕晖照映，云开日霁，万物顿时增彩生辉，再深深吸一口气，那被疏雨过滤后的清新味道便由鼻端涌入肺腑，心境也就瞬间澄净、明朗起来。于是，他走出书房，登上

高阁俯瞰这自然赐予的雨后晚景。

城门外的曲城，仍是湿漉漉的一片，在斜晖的照射下泛着星星点点的白光，微风拂来，好似是波光粼粼的湖面。此时已是春意阑珊，花树经了一场疏雨，自然难免绿肥红瘦的境遇。但眼下正是气候宜人的初夏，万物生机勃勃，又不乏清新脆嫩的色调，暮春的惆怅、落花的伤感也就无从袭来。

如若不是猛然间看到了幽僻处那一丁点似有若无的绿意，诗人这次登高观景也就流于常俗。但身处困境，眼睛与心灵总是善于发现与自身遭遇相若的景与物。那几株长于背阴处的幽草，久遭雨潦之苦，天气乍晴，余晖轻洒，它们细小平凡的生命也就陡然添上了无限生机，好似冥冥之中天意使然。

草木不张扬、不谄媚，也就从不被人注意，在角落一隅随着季节独自枯荣，这难免让诗人产生同病相怜之感。他有倾世才华却一直在幕僚中兜兜转转，本无意争权夺利，却陷入党争风波，在凄风苦雨中挣扎漂泊，如今又放逐到南疆。从前多是抱怨、愤懑、悒郁，但看到这被天公垂怜的幽草，却让他觉出珍重的要义。

“天意怜幽草，人间重晚晴”这一联，向来被视为巧于寄托的名句。王夫之有云：“兴在有意无意之间。”这一联正是如此。诗人并未直言幽草即是自己的化身，也并未道明“重晚晴”与所思所想的密切关联。只是蜻蜓点水般将一刹那会心的感受，蘸着翰墨融入晚晴中，所谓不着痕迹、自然浑成，即是最高明的寄托。

人们对美丽而短暂的事物，多半在流连赞赏的同时，对它们的转瞬即逝伤感嗟叹、徒唤奈何，而诗人却觉得美好愈是短暂，愈应加倍珍惜。于是，他并不为晚晴的匆匆流逝悲伤，而是把焦点聚集在“重晚晴”上。看透了人间风云变幻，走过了山高水长，李商隐终究学会了从脚下的枯枝败叶中寻找生命的线索，珍惜眼前的一景一物。在黑夜中跌跌撞撞的人，才能懂得自然的慈悲和长情，即便这一切稍纵即逝，也要把它当成一场盛宴，做成一场狂欢。李商隐沉浮在动荡的时代，因此那些细密琐碎的欢愉，他比旁人更易看到，也更易把握。

此时，他站在高高的阁楼上，看着雨后晚晴，天地澄清，风烟俱净，想着郑亚平日的倚重，以及官从六品的京衔，好似真地站到了人生的巅峰，视线也猛地辽阔高远起来。桂林之地，纵然远离皇城，但远离长安这个党争的旋涡，未尝不是一种精神解脱。于是，心情就随着天气明媚晴朗起来。

虽然此时天地间只有自己，但他并不感到寂寞。夕阳的余晖，淡淡地流注在小窗上，洒进去一缕橘色的光芒，也注入了一线光明与希望，让诗人心中铺满静谧与安详。诗人用“微注”二字，不仅仅将明朗欢愉景致的动态，精细入微地描绘出来，更泄露了他超脱澄净的心境。

心亮了，世界也就变得明晃起来。自然界的启示，以及历经颠沛流离，看破人生百态后所积累的人生智慧，都让李商隐格外珍惜雨晴后的美丽。在夕阳的余晖中，鸟儿扇动着刚刚被暖阳晒干的翅膀，在天空中舞出轻盈的姿态，飞回自己的巢穴。羁旅中人，漂泊不定，在官场的夹缝中左右摇摆，看到越鸟南飞，往往会勾起或浓或淡的思乡之情。但此时的李商隐，

顿悟了“人间重晚晴”，伤感也就无处生发，唯有加倍珍视眼前这得之不易的一切。

命运自有安排，所以不必纠结于转角处是万紫千红还是黯然荒芜，时光总会给一直走在路上的人一个恰当的交代与偿还。就像角落的幽草，在绵绵无期的雨季中，迎来了傍晚的余光。天意即是如此，李商隐走投无路时，也在南疆找到了生存的土壤。

少有人寻访的幽谷绝地，野花也会努力开出最绚烂的姿态，即便身处边境，那有着远大抱负的人，又怎会轻易放弃绽放的机会。于是，李商隐以珍重的姿态，替郑亚撰写公文，处理日常事务，又奉命到江陵府拜会荆南节度使郑肃，在途中整理自己的骈体文集《樊南甲集》二十卷并作序。史学大家范文澜在《中国通史简编》中对李商隐的骈体文评价极高，甚至认为只要《樊南甲集》存留，唐代的骈体文即便是全部遗失也毫不可惜。李商隐的才华，确实也配得上这般评价。遗憾的是，李商隐的文集现已所剩无几。

待他从江陵返回后，又被派往桂林西部的昭州郡代理太守。虽不是正式委任，但李商隐还是拿出堪与笔墨功夫相媲美的能力，施展治国理民的抱负，想要如白居易、柳宗元那样在穷山恶水的荒芜之地，理出一片水美食丰的田园。

诗人在这凄凉之地，唯一一次找到了属于自己的舞台，做了一次主角。纵然台下并没有多少观众，却浇不灭他要致富一方的热情。原来，频频失去的人，是这样容易满足，他把郑亚的重视当作最隆重奢华的恩赐，在这样的境遇中，仿佛觉得逆转也是极为简单的事情。就让他暂时避在如此温存昂扬的梦中吧，至于醒来如何，那全是以后的事情。

旅宦凄怆，归期无期

觅封侯之人，总是以梦为马，御风而行，从来都没有明确的目的，也没有确定的归期。当他们在天涯海角成全着自己漂泊的执念时，只苦了那执着守候他们归来的人，日复一日重复做着久别重逢的梦，醒来却知久别不假，重逢不定。如若自己在外将日子过得风生水起倒也罢了，一旦在浪迹萍踪的生活中百味尽尝，却独独缺少甘甜时，翰墨写就的羁旅诗词，也就逃不出乡愁与相思的藩篱。

乡愁迭生，大抵是伴着泪的，而相思的滋味却丰富很多，有泪还有笑，有苦也有乐。这些由相思编织而成的情书，无非分为两种，其一是柳永、姜白石、秦少游等风流才子在寻欢作乐时写给青楼佳人的艳词；其二便是宦游者望归而不得归时提笔写给内人的情真意切的情诗。前者惯以女子口吻表达离愁别绪，主人公的行迹不出闺阁庭院，见花谢而思君，见月升又念郎，盼他归，怨他不归，爱与怨杂糅作一团，犹如乱麻。后者则少了那一层缛丽的铅华，而用诚心、真情、尊重、爱惜，慎重地表达自己对远方妻子的深深思念。

李商隐远在风土人情尽与中原有异的南疆，除却为早已跌入深渊的政治生涯辗转不眠，更让他感到难挨的是对王氏的惦念。

君问归期未有期，巴山夜雨涨秋池。

何当共剪西窗烛，却话巴山夜雨时！

——《夜雨寄北》

当年李商隐一朝及第，获得了踏入黄金铺地的仕途的门票，又凭着对仗工整、声律谐美的骈文技巧，让王茂元对他青眼有加。王老认为李商隐犹如一只雏鹰长出了坚实的翅膀，触摸蓝天也不过是举手之劳。如若将爱女托付给这般前途无量之人，一生荣华富贵不说，那骨子里透出来的深情，也足以让人在幸福中融化。

但世间之事总是难以朝着人们预期的方向发展，一个岔路口，一阵凉风，甚至一个念想，都可能是变异的始端。王茂元并没有料到，李商隐这只长了翅膀的雏鹰，还未有过一次尽兴的飞翔，便要开始徐徐下坠。如同一朵蓓蕾，还未在春天里苏醒，就被一场雨浇灭了整个花季。纵然零落成泥，不失为一种永恒的归宿，但到底少了那份俏立枝头的张扬与妩媚。

王氏生在王侯大院，有着大家闺秀的风范，镜里镜外都是春花的年纪，自然有不少贵族子弟慕名提亲。随便应允哪一家，即便没有爱情滋生的土壤，至少也有簪花赏月的闲情。毕竟免了颠沛流离的苦，也不用整日忧心忡忡在浪海沉浮中挣扎。但她偏偏将心剜下来，安置到了李商隐胸怀里，以为这是呵护心灵最为妥帖的方式。却不知爱与被爱，要以千山万水的距离、红尘浪海的颠簸、苦涩与酸甜兼具的相思为代偿。待她懂得时，他已如烟，如雾，流浪在风中。

一如巴尔扎克所说，我们都是红尘中人，必定要承受红尘之苦。

从前的远行，纵使期间有相思缠绕，也不全是毫无着落、无所归依的茫然，毕竟不过数月即可团聚。但这一趟桂林之旅，去有时归无期，且牛党重握权柄，恨不得将李党斩草除根。李商隐公然站在李党行列，自然也免不了被赶杀的命运。

诗人总是活在幻境中，现实中那置之死地而后生的能力，他们并不具备。所以，李商隐身在国境南端，从未想过绝地反击。他只愿留出一处罅隙，供养他汹涌的相思。

秋雨不知心底事，自顾自地在秋夜中绵绵而下。当绵长细润的雨，洇湿了青砖白瓦的旧宅，在窗棂上无声流淌时，那些难与人共的情愫就会像蚕抽丝一般，一丝丝被剥离躯体，与雨天契合为一体。

李商隐在异乡之地，感受着这样温柔却残忍的雨，看着它一滴滴灌满秋池，又满溢心头。妻子曾写来家书，小心翼翼地传递深情，殷切地期盼着他的归期。然而这藏在信中的愿望，愈是美好如斯，成空时便愈残酷伤人。流浪之人哪有确切的归期，况且在这“巴山楚水凄凉地”，山高水长路遥不说，那看不到的重重阻力更成了归乡的障碍。故而，妻子刻在纸上的盼望，在李商隐心中成了一片难以愈合的创伤。

即便诗人有一支笔，能将丝丝缕缕的思念与离愁拿捏到位。如同女子手中的线，在针的引领中，游龙般纳入世人心底，却无法让他的愁绪稀释一分半毫。天空无法阻止雨的流淌，世人也无法遏止悲伤的蔓延。恰恰雨又充当了情愫宣泄的

出口，雨多大，愁绪也就有多浓。

说到雨，不得不让人想起白朴的《梧桐雨》。安史之乱后，唐玄宗携着他挚爱的贵妃逃往川蜀。期间霖雨弥旬，在栈道上，铃声传来更添一层悲怨，他胸中的苦楚终于喷薄而出。曾经两人“在天愿为比翼鸟，在地愿为连理枝”，而在马嵬坡上，诺言却变成了谎言。那场凄风楚雨“洗黄花，润篱落；渍苍苔；倒墙角；渲湖山；漱石窍；浸枯荷、溢池沼”，好似是祭奠那终究会逝去的爱情。

李商隐亦是在这秋雨缠绵的夜晚，品味着相思，也咀嚼着孤独。对风流浪子来说，在无尽的漂泊中，纵然也会在某个时刻想起倚门而望的妻子，心底涌上一抹暗淡色调，但比起路上的大好风光与绝美艳遇，这笔灰色也实在显得微不足道。而李商隐已过了随处寻觅温柔乡的年纪，再加上如在飓风中行舟的境遇，他对外面的世界再也提不起丝毫兴趣。

既然心中满腹的寂寞思念无以为寄，诗人唯有在雨打芭蕉的夜里，想象回到故里，让妻子的盼望落实，也为自己的身体与灵魂找个归处。他们彻夜不眠，倾诉寄居巴蜀之时，那场淅淅沥沥下个不停的夜雨，以及连绵交织的思念，以至于蜡烛结出了蕊花，他们频频剪去后，仍未能诉完离情，亦言不尽重逢的喜悦。

诗人不愧为大家手笔，这幅良辰美景图，诗人只用“共剪”“却话”便勾勒了出来。“共剪”极言亲昵，“却话”虽有转折却不乏窃窃私语之态。然而，这等幻想出来的团聚美景，在现实中毕竟没有生存的土壤，绵绵密密的雨敲打窗棂，也敲醒了他的梦境。诗人刚刚的追念、向往、憧憬，却都在“未有期”中找到了谜底，这怎能不让人惆怅呢？

李商隐为爱情所作的诗篇，多以典雅缛丽、华妙隐曲取胜，而此诗无一不是浅语，浅语而处处可见深深的怀念之情。铅华洗尽后，朴素的姿态，原来更能让人们感动。这首《夜雨寄北》，历来饱受好评。短短的四句诗，简而有序，层层铺垫，写出了羁旅的孤单与苦闷，也勾画了未来重逢时的蓝图。甚至把连绵细雨也写进笔底波澜，堪称最为简短而又全面的情书。一波三折，含蓄深婉地衬托了与妻子隔山望水的深情。桂馥在《札朴》卷六里说：“眼前景反作后日怀想，此意更深。”徐德泓在《李义山诗疏》里说：“翻从他日而话今宵，则此时羁情，不写而自深矣。”

然而后世人如何评点，已与李商隐无任何关系。他写诗不过是给将要溢出来的心事寻个宣泄的出口。旅途太过寂寞，相思也就如雪中红莲、夜中灯火，格外醒目。或许沉溺在这无边的思念中，对李商隐而言，是躲避恶劣处境的唯一柔软的方式。

远书归梦两悠悠，只有空床敌素秋。
阶下青苔与红树，雨中寥落月中愁。

——《端居》

虽然说与蚀骨的痛楚紧紧相连的爱情，才称得上深沉。可谁又愿意一直在千山万水之外，只从一纸家书上想象爱人的样子，在月光下一遍遍遛着自己茕茕孑立的影子？一生中长相厮守，无风无浪，纵然平淡了些，总也好过在等待中空把时光消磨。

然而，大多数平淡的幸福总是悬而未决，李商隐那刻骨铭心的悲伤与怅惘，始终缘于时常离别而难以再见。平日还有家人音书聊以慰藉，而今妻子已好久不寄来只言片语。在夜中时时被寂寞咬啮的他，唯有去“归梦”中寻求安慰。然而，是梦终会醒，醒来一切成空的惆怅并不比独处一室的现实好挨。盼书书不至，觅梦梦不成，诗人除却长叹一声，再无其他。

景与物，不仅能唤醒记忆，亦能勾出哀愁。从睡梦中苏醒的李商隐，侧身躺在空床上，看着窗外洁白清寒的秋霜、皎洁似雪的秋月、连绵冷冽的秋雨，仿佛听懂了秋天给予他人生与爱情的寓言：荒凉。

许是这荒凉太过沉重，诗人并未将孤寂之情在笔墨中泄露一星半点，而是笔锋一转，写了庭院中的青苔与红树，夜雨与明月。本已决意含而不露，却又不经意间将所有的情绪都落在“愁”字之上。这情不自禁的心情表白，正是诗人心灵深处的凄怆，他无法承受却又不得不承受，唯有释放给可以熨帖他伤口的翰墨丹青。

倘若将他此生感受到的全部苦楚累加起来，大概是一张挣脱不了的网。命运有时就像一场死局，棋局上的每一颗棋子都被羁绊得无法动弹，李商隐便是这样一颗棋子。命运将他逼入死角，将他放逐到国境南端，却不曾许诺他何时归来，而他一面服从着命运的安排，一面在远方做着归去的梦。

卷五　此情可待成追忆

只身北归，重返长安

多米诺骨牌，一颗扣一颗，只要一颗倒了，最后一颗也不能幸免。人生亦是如此，一环扣一环，只要一环出错，即是满盘皆输。想要回到最初，唯有重新开始。然而，时光不会溯游而上，人生又怎会恢复原样。于是，走在路上的人，总是一边回忆，一边叹息，然后拖着疲惫的身躯与萎靡的心灵，继续前行。而心有不甘的人，总是企图从这副带着诅咒的牌中挣脱出来，但这种执念往往会化为无谓的挣扎。

纵然李商隐远在千里之外，但长安仍处于党争的水深火热之中。所谓“野火烧不尽，春风吹又生”，牛党好不容易手握重权，定然不会给李党绝地反击的机会。于是，大中二年（848），李德裕再贬为潮州司马，郑亚则由桂管都防御经略使贬为循州刺史。

人人皆知，郑亚再蒙新罪，不过是牛党中人的恶意栽赃，那白纸黑字的国法条例，早已被牛党手中的权力取代。只要他们想请君入瓮，随便找个堂而皇之的理由，简直是轻而易举的事情。牛党这是明摆着要将李党一网打尽，给几十年无硝烟的战争一个了结。

此时，李党只得将对方赐予的黄连吞下，挣扎与呼救根本无济于事。而郑亚处于深渊之中，却偏偏要让朝廷给出一个公正合理的交代，向天子申辩自己的清白。树倒猢狲散一向是官场的潜规则，郑亚失势，他手下的聪明人自然怕引火烧身，避之唯恐不及，谁还敢替他起草这份申辩书信。但李商隐始终未能洞悉人情世故，只凭着心的驱使，奋不顾身地做了书信的执笔人。

蘸着激昂与愤怒、虔诚与真挚写就的书信，不过换来了一声鄙夷的嗤笑，郑亚继续南下去了循州。而李商隐只身北归，以决绝的姿态永远走进了暗无天日的风雨中。“归去，归去”，这样的话反反复复出现在梦里，却从未想到要以这样的方式。在北归途中，那些恢宏的济世梦想，日渐被末世的黑暗吞噬。而处在凄风苦雨中的李商隐，连一处遮身的屋檐都找不到。

凄凉宝剑篇，羁泊欲穷年。
黄叶仍风雨，青楼自管弦。
新知遭薄俗，旧好隔良缘。
心断新丰酒，销愁斗几千？

——《风雨》

在一座将要倾倒的城堡中，唯有随着众人一起倾斜，方才不会显得特殊。在一个即将灭亡的朝代里，唯有及时行乐，方才不对瑰色年华有所辜负。但世事难料、前途未卜的阴影，投射在李商隐心中后，却化成了一幅巨大的雨帘。这雨帘像是一道施了魔法的诅咒，任凭他怎样横冲直撞，怎样用尽蛮力，也无法走出屏障。滴水穿石向来是最柔软也最坚韧的力量，跋涉在风雨中的诗人，只得徒劳地看着雨滴如何淌成溪流，又怎样

汇成江海，渐渐地漫过他整个晦暗的人生。

雨犹如能听懂尘世悲欢的音乐精灵，不同时代的雨，奏出的曲调不同。即便是相同的时代，因人物心境的差别，曲调也各有殊异。盛唐时，隐逸之风盛行，王维笔下的雨则与其山水隐居生活相契合。有了雨的滋养，王维也就更易找到精神世界与自然界合二为一的乐趣，所以他能在《山居秋暝》中向我们呈现一幅空灵淡然、幽静娴雅的雨后山村水墨画。而处在晚唐的李商隐，少了王维那份闲适与淡泊的心境，多了一缕时代没落的忧思、身世沉沦的惆怅。于是，他笔下那滂沱的雨声，正是他心灵的挣扎、悲凉的呼唤。

若要总结李商隐的一生，最恰当莫过于“凄凉”二字。羁宦天涯，漂泊流离，且有下个不停的大雨相随，好像世间所有的不如意全聚拢到了他这里。可就是这样无尽的凄凉岁月，如今也要走到了尽头。一滴雨，一缕风，或许并不能将诗人伤得太深，可长年累月地积淀，雨就能汇成海洋，风便可以刮来一座沙漠，他尚且来不及呼救就已被吞没。

他也曾是一只期待飞翔的鸟儿，以才华与美德为双翼，想要在广袤的蓝天中驰骋一番。然而时代的风雨在无形中织成了一张灰色的网，这网细密而坚实。无论他怎样挣扎，都找不到出口，只得在网中一遍遍呻吟、悲叹，用别人的成功对照自身的落拓。

初唐的郭元振在少年时，负气仗义，才华横溢，曾作《宝剑篇》，以未曾出鞘的宝剑比喻自己怀才不遇，寄托自己剑啸龙吟般激情澎湃的治世之志。幸运的是，这篇《宝剑篇》传到了武后手中，他便得以施展自己的才华，平突厥、治吐蕃，筑丰安、定远城，成为唐朝名将。而李商隐纵然有过上百章“宝剑篇”，却始终未能遇到呈给天子的机遇，唯有看着这把宝剑，掩埋在岁月的蒿莱中，锈迹斑斑。

他在风雨的灰网中踽踽独行，一寸寸走向飘零的尽头，一点点接近生命的终点。在命运的层层封锁中，他如飘零在风雨中的黄叶，没有方向，看不到曙光，甚至连悲喜也无从感知。而风雨之外的世界，仍是歌舞升平。秦楼楚馆内，尽是金翠耀目、罗绮飘香；十里长街处，宴饮笙歌不绝。但听新声巧笑于柳陌花衢，暗管调弦于茶坊酒肆。豪门、贵族就是这般在末世里舞着恣意的狂欢。飘零的仍是飘零，喧闹处一如往日，本生于同一个时代，却是冷热两重天。看来在这重重倾斜的时代中，并不存在所谓的正常秩序。

冷漠的人间，寡淡的世情，总会让聪明的人学会明哲保身，这才是处世上策。于是，无论是“新知”，还是“旧好”，在这冷雨凄风中，纷纷站对了队伍，找到了避身的屋檐。而李商隐却无意间触犯了朋党的戒律，陷入了党争的旋涡。自此，不仅仕途截断、仕宦无成的大雨将他浇了个透心凉，也被人格诋毁的污水泼了一身。“放利偷合”“诡薄无行”，这样的恶言在当朝纷纷扬扬，故而新旧朋友为了申明立场，自然与他划明界限。孑然一身的诗人，有口难辩，唯有独自蜷缩在雨帘中，舔舐自己的伤口。但雨越下越大，他这片寂寥的黄叶还能飘零多久？酒可算得人间极品，得意人生，要诗酒壮怀，化作满腔舒豪，尽情地泼洒。失意之时，也可以自斟

自饮，酒入愁肠，化作相思泪行。酒中乾坤，微醺时，如梦如幻，云里雾里，这虚境之中常常能找出真实的生活感受。大醉后，即便狂态尽现也不要紧，至少可以释放出难得一见的激情。故而在风雨飘摇中，李商隐也就把酒当作了唯一的安慰。

可他端起酒杯时，没有阮籍欲要连月不醒的豪情，更没有李白醉后抗旨不遵的胆量，却在摇摇晃晃的酒杯中，看到了已经破碎的梦想的倒影。但为了避免难堪，他并未直言惋惜，而是借初唐马周之事，为自己敲愁助恨。

马周自幼无亲，虽才华横溢，却始终落拓不遇。他游长安时，宿于新丰旅社，因他穿戴褴褛，店主自然招待不周，但他不以为意，反而要了一斗八升酒，悠然独酌。在政治开明、国势上升的初唐，马周这样的俊杰必会有用武之地，不过是时间早晚而已。故而，不久之后他便得到唐太宗的召见，被授予监察御史。

而李商隐所处的晚唐，早已没有旭日东升的朝气蓬勃，剩下的只是奄奄一息的夕阳，支撑着微弱的光亮。所以，李商隐非但没有像郭元振与马周一样，双手为时代献上一缕荣耀和光辉，反而在黑夜将至的黄昏淋了一身雨，心凉的那一刻，那积极入世的希望，有所建树的热情，也随之熄灭。

北归途中，风雨不止。李商隐走过荆南、江陵，又弃舟换马，行过襄阳、邓州，沿途秋色愈来愈浓，寒意也愈来愈重。回首那被雨帘笼罩的南方，模糊得竟像是一场梦，梦中与何人在何地做了何事，只剩下了影影绰绰的轮廓，让人无从描绘也无法言说。

但当他遥望不日即可到达的长安时，他亦觉得前方苍茫杳渺，弥漫着无边的愁绪。昨日犹不可追，明日仍旧无法预期，如今又遇上了滂沱大雨，这泥泞的途程，着实让诗人灰心。纵然回到以政治为中心的长安，怀揣多年的希望也会摇落成绝望，更不必说那功成身退、循迹五湖的奢望会冲破雨帘的藩篱。

既然全身已经淋透，再大的风雨又有何惧，倒不如放下一切，与这个腐朽的时代彻底决裂。但李商隐到底不是决绝之人，许是那济世理想还存一星火光，许是为养家糊口着想，他还是要为那一处避雨的屋檐汲汲奔走。

九月中旬，李商隐回到长安。在这座熟悉又陌生的城市，他又开始了新的征程，却浑然不知自己的命运终究要随着这个倾斜的时代，归于岑寂。

痛失知己，雪满黄陵

在这冷漠荒凉的人间，如若有二三知己相伴，闲来能够饮酒品茶，忙时亦可让鸿雁捎去惦念，即便路途再曲折幽深，心灵也算有个归宿。然而，当李商隐回到京城，这里繁华依旧，甚至比他离开时还要兴盛几分。穿行于人声鼎沸的市井，看别人嬉笑怒骂，却找不到可以与自己共享悲喜之人。越是热闹便越孤单，知交零落，往事晦涩，他向往这座城市，这座城市却没有一处灯火是为他守候。

况且，李商隐早已背上“此人不堪”的名声。但凡懂些人情世故之人，不落井下石已是莫大的恩赐，更不必期望会与他

交好，共话今昔。故而，整个时代大抵化成了不对等的两大阵营。其一是随波逐流之人，他们通晓生存法则，明晰社会规则，懂得与何人交往最为有益，因此他们永远处在时代的上游。另一类则是逆水行舟之人，他们将国家兴衰当作自家之事，背负着正直与仁义踽踽而行，非但没有阻遏末世的到来，反而搭上了自己的一生。举目四望，站在后者队列里的人寥寥无几，李商隐自然算是其中一位。但他并非孤军作战，至少有刘蕡与他志同道合，并肩奋进。

既然两人是末世的战友，便免不了颠沛流离的命运。刘蕡亦有经国济世之志，向来以抗言直谏著称。《旧唐书·刘蕡传》这般评价他："与朋友交，好谈王霸大略，耿介嫉恶，言及世务，慨然有澄清之志。"刘蕡骨子里的是非分明，刚正不阿，正是促使他命运急转直下的导火索。而二十年前那一张写满治国大略的应试考卷，是他迈入万劫不复的第一步。

大和二年（828），刘蕡等二十三个进士参加唐文宗亲诏的殿试。在试卷中，刘蕡写下一万余字的策论，指出当时的形势为"官乱人贫，盗贼并起，土崩之势，忧在旦夕"，并抨击宦官权贵，预测"天下将倾，四海将乱"。这篇文辞激烈的文章，既不若王勃的《滕王阁序》让人百看不厌，也不似骆宾王的《讨武曌檄》让人一读三叹，更不会引起文人相轻式的妒忌，但正因触了宦官的霉头，讲了不该讲的真话，便惹祸上身。虽不至于即刻便被判为死罪，也免不了日后一刀刀的凌迟。故而，落选是第一步，而后便是被贬柳州，后又流落溢浦。

李商隐在风雨中漂泊，刘蕡在羁旅中流浪，纵然两人的离别多过会晤，却从未让友情出现隔阂。君子之交淡如水，只要彼此存在，心灵驿站的那一星烛火就不会熄灭。然而将浓厚似血的友情生生隔开的并非千里万里的距离，而是生与死的界限。

就在李商隐回到长安的秋天，刘蕡客死他乡的消息传来。如同自己的身体陡然撕开了一个裂口，血液如同影子一样随着刘蕡的亡魂离去。身体的疼痛与精神的苦楚一齐袭来，时代的重压与前途的无望同时覆盖。而诗人唯一能做的便是写诗，悼念站在同一阵营的队友，也悼念自己无望的前途。

上帝深宫闭九阍，巫咸不下问衔冤。
黄陵别后春涛隔，湓浦书来秋雨翻。
只有安仁能作诔，何曾宋玉解招魂？
平生风义兼师友，不敢同君哭寝门。

——《哭刘蕡》

儒家向来提倡中庸之道，即万事万物达到中和状态，不偏不倚、各安其位、各得其所。反映在文学中便是主张诗贵温柔敦厚，“发乎情，止乎礼义”，要乐而不淫，哀而不伤，怨而不怒。故而，《诗经·氓》中，女子尽管对无情抛弃她的郎君悲愤不已，却对男子没有任何过激行为，更谈不上处心积虑地报复。然而，李商隐面对刘蕡的去世，抛弃了所有的束缚与羁绊，让情感毫无阻遏地压倒了理智。一切怨与恨，一切哀

与伤，一切悲与痛，犹如一落九天的瀑布，倾泻而下，势不可当。人间是一个巨大的淬炼场，燃着熊熊大火，唯有经得住火焰的灼烧，方能到达彼岸。有的人，千方百计找寻捷径，想要逃过这一场灾难。而有的人却为拥有机会能够为梦想竭尽全力而庆幸。他们并不惧怕会在旺盛的大火中化为灰烬，而是担忧在淬炼的过程中，是否燃烧出了纯度。

刘蕡与李商隐一样，为这个将倾的时代汲汲奔走，保证每一次走进火炉都充分燃烧。但天子仍在九重宫门之内，对此不闻不问，以至于忠贞之士负屈而死，命丧九泉，这怎不令人痛心疾首？

对李商隐而言，他失去的不仅仅是一个知己，还是镶嵌在苍穹中为他指路的启明星。如今，这颗星划过一道忧伤的弧线，而后归于寂灭，他的夜也就暗了几分。去年两人在黄陵促膝而谈的情景历历在目，不过一年的光阴，李商隐便听到了从湓浦传来的噩耗。去年尚有“春涛隔”，今年便是“秋雨翻”，原来阴阳相隔，竟是这样让人猝不及防。这悲伤来得迅猛而汹涌，让诗人刚一获悉，便被痛苦没顶。

在这迟暮的年华中，李商隐经历过风吹雨打，看惯了生离死别，也经受了重重打压，心应早已变得刀枪不入才是。可情深义重的他，即便在这荒凉的人间，也始终学不会如何去冷漠。更何况，刘蕡与他是莫逆之交，两人同心合意，如今好友客死他乡，只剩自己一人在世间流离，再加上前途未卜的迷茫，让诗人不由得走进了绝望。

面对刘蕡的亡故，李商隐唯一能做的便是如潘岳一样，用缛丽的辞藻，写下悼念好友的诔文，为其伸张正义。却无法像宋玉为屈原招魂那般，为刘蕡招回魂魄，使之复生。他本以为人世很长，却料不到一别即成永别。诗人甚至不敢去回忆那为数不多的几次重逢，倒不是怕排山倒海的回忆牵扯出汹涌的痛楚，实在是他从刘蕡短短的一生中，猛然间窥到了自己的倒影。游走于幕僚，漂泊在他乡，放逐至远方，生命就这样托付给了荒凉。或许有一天，自己也会落得这般结局。

《礼记·檀弓上》曾说，如若逝者为师，应在内寝哭吊；如若死者是友，应在寝门外哭吊。李商隐与刘蕡虽然情同朋友，但其高风亮节，让李商隐自甘尊刘蕡如师，故而不敢自居于刘蕡的同列，更不敢在寝门之外哭泣哀悼。

整首诗起始于“哭”，而又收束于“哭”。清代姚培谦评论道：“盖直为天下恸，而非止哀我私也。”他流下的眼泪，为刘蕡，为自己，也为整个时代。好友当年以一篇《对策》论天下大势，慷慨激昂，震动朝野。如今客死他乡，整个文坛却万马齐喑，寂若山谷，唯有李商隐敢于为逝者宣泄眼泪，捧出悲伤。

路有论冤谪，言皆在中兴。

空闻迁贾谊，不待相孙弘。

江阔惟回首，天高但抚膺。

去年相送地，春雪满黄陵。

——《哭刘司户蕡》

路人都在纷纷议论，刘蕡《对策》中的言论，深刻地探究了治乱之本，引申春秋大义为佐证，实在是言旁人所不敢言，说别人所不敢说，全为了国家中兴着想。但这一番慷慨陈词，却换来了应考落第，以及贬谪柳州。

尽管他切中了当朝政局弊端的要害，主张除掉宦官，将权力聚拢到皇帝手中，但君王此时只想坐稳那把龙椅，并不愿真正整饬朝纲。故而，刘蕡并没有汉朝贾谊的运气。当时汉文帝正开创着“文景之治”，国家正处于上坡路，因此贾谊可以被天子召回京城，让他以师者身份任文帝爱子梁怀王太傅。同样，刘蕡也不若汉武帝时公孙弘那般受命运眷顾。公孙弘也一度遭贬，后又受到重用，官至丞相，封平津侯。而刘蕡处于风雨飘摇的晚唐，高高在上的天子都不曾掌握实权，一介贫寒士子又怎会获取施展才华的舞台。

即便诗人悲恸难收，频频回首，友人也是死不复生。黄陵那场雪，竟成了最后的告别。逝去的人已经安息，而留下来的人却要背负着对方的梦想，怀着沉重的悲伤继续前行。路遥马疲也好，人心叵测也罢，都不是可以停下的理由，唯有脉搏停止跳动，才算完结。

入幕徐州，离恨无穷

宦游生涯之中，文人士子们最熟悉的，或许便是那一场场身不由已的离别。官场风云变幻，职务调迁，不过在帝王与权臣的股掌之间。今日在此，他朝便不知迁谪何处；此时尚是红颜在侧，知交挚友把酒言欢，彼时却已天涯两隔。于是，文学里便少不了离歌别赋：一个个仕途坎坷、情意深重的才子，用手中的笔，写下无数催人泣下、哀伤如诉的离愁别恨。

历代离歌别赋，大抵如此。定要将心浸泡在苦汁泪海里千遍万遍，方才吟得出离愁之万一。最早抒写离情的《诗经·燕燕》，写离别场景只用“瞻望弗及，泣涕如雨”八字，便写出伤情无限，后人评之“可以泣鬼神”。南朝的江淹，更以一篇《别赋》将离别之恨道尽：“黯然销魂者，唯别而已矣。”后人再写离恨，也只是将“黯然销魂”四字翻来覆去地演绎。

人们并非爱写别离，实在是一再辗转漂泊的苦楚无处安放，便一次次交付给笔墨。大中三年（849），为了生计，李商隐应武宁节度使卢弘正之邀，前往徐州入幕。

他太像王氏生命中的过客，当初结为连理，好似就是为了这一次次的别离。世间易分难聚，他从未轻易许下何时归来的诺言，她也咽泪装欢，不曾有任何怨语。

启程的日子一天天迫近，分离之苦一日日聚合。贤淑的妻子为李商隐打理好行装，嘱咐的话想要说起却又咽下，生怕他耳中生茧，也怕话还未出口泪已满面。于是，她只得在行装上下功夫，每一件都叠得整整齐齐，因归期不明，每个季节的衣服都预备好了。

说不清是挽留还是相送，在李商隐离开时，雪花漫天，洋洋洒洒。而妻子不顾冰天雪寒，走过一道道街，穿过一条条巷，只为了将最后的相聚拉长。李商隐行在路上，始终没有勇气回头，生怕站立在雪海中的妻子，会搁浅他的脚步，唯有将那满腔的不舍与愧疚，交付给在脸上融化成泪水的雪花。

寒气先侵玉女扉，清光旋透省郎闱。
梅花大庾岭头发，柳絮章台街里飞。
欲舞定随曹植马，有情应湿谢庄衣。
龙山万里无多远，留待行人二月归。

——《对雪二首》其一

总是因多情的牵系，才有如此多的不舍与伤怀。若不是情深爱重，也不至于为了一场离别便黯然神伤，从此再难开怀。然而即便情爱至深至笃，也无从改变出发的意志。缱绻多情的佳人，温暖美好的家园，都抵不过远方的召唤。种种美景良辰，终究要被辜负。此时李商隐甚至期望，他们从未相爱过，如此才不至于让心灵超重。

既然离别已成定局，再深的内疚也无济于事。李商隐只管扬鞭催马，想尽快逃离这块伤心地。他本想让纷纷扬扬的大雪埋葬此前所有的记忆，但妻子独守闺房的情景总会千方百计地逃过他心里的防线，一遍遍在脑海中上演。

寒气由帷帘逼入内室，雪光由窗棂投进书房，即便屋内生着火炉，依旧寒彻入骨。当然，比天气更为冰冷的是分袂烙在心上的疤痕。诗人生在这混沌的江湖，身不由己，哪里有空缺，便挪去哪里，去替他人做些嫁衣裳的琐碎事。只是苦了死心塌地的妻子，不仅从无抱怨，还担心在外漂泊的丈夫是否受了委屈。

雪越来越大，下到后来好似梅花竞发，簇簇拥拥，像是要阻止他前行的脚步。早些年那“欲回天地入扁舟”的壮志，早已被现实击得粉碎，如今想起时不过化作了一声酸楚的嗤笑。此时他一再奔向远方，不得不离家弃子，无非是为一家生计着想。

诗人行在路上，听着马蹄踏雪发出咯吱咯吱的声响，看着漫天雪花好似柳絮飘扬在章台街上，不由得想起天宝年间那段爱情传奇。昔日才高八斗的韩翃与艳绝一时的柳氏，琴瑟相和，诗书传思。她是如雾江堤上的一抹明翠，只要一个回眸便压下了整个皇都的柳色。只是如何恩爱也敌不过命运的翻云覆雨。安史之乱，两京沦陷，一首诀别诗还没来得及写下最后的韵脚，两人便已隔绝两地。

为避兵祸，柳氏剪发毁形，寄居法灵寺。韩翃写下了这首《章台柳》：

章台柳，章台柳，昔日青青今在否？纵使长条似旧垂，也应攀折他人手。

她见了，悲恸涕下，做《杨柳枝》相和：

杨柳枝，芳菲节。所恨年年赠离别。一叶随风忽报秋，纵使君来岂堪折！

故事的结局是韩翃与柳氏破镜重圆，相濡以沫至终老。这自然让李商隐羡慕，而他也只能是羡慕罢了。并不是所有的千回百转，都能找到停泊的巷口；也不是每一处灯火阑珊，都有人在原地守候。虽然他临走时对妻子说，杨柳依依的二月，他

定会归来，但谁又能说清，他口中的二月，是明年，还是后年，抑或是比时光还久远的那一年。

任凭大雪埋没了马蹄，沾湿了衣裳，而诗人能做的，也唯有将她的名字捂在自己温热的胸口。李商隐是个多情而又痴情的人，因为受深情羁绊，一生郁郁寡欢。且不说末世的凋敝、仕途的蹭蹬、人格的质疑令他悲伤不已，就是这一次次不遂心的感情，也足以夺去他半生的欢愉。有爱相伴时，自然可以抵挡冬日的严寒。但只能在爱中回忆时，即便是在烟花开遍的三月，也冷彻蚀骨。

他本是普通的男子，想要的不过是一个安安稳稳的官职，一个美满和睦的家庭。然而，时代偏偏要他交出自己的信念，方才许他一条生路。于是，他只得怀着那份卑微的信念，在深方三尺的雪地里，蘸着整个冬天的凉薄，写下尚存余温的惦念。

旋扑珠帘过粉墙，轻于柳絮重于霜。

已随江令夸琼树，又入卢家妒玉堂。

侵夜可能争桂魄，忍寒应欲试梅妆。

关河冻合东西路，肠断斑骓送陆郎。

——《对雪二首》其二

任你在何方，是何种身份，也难逃过情劫。而这伤情之事，总有万千种因由。或是身不由己，咫尺天涯，相思难寄；或是乱世江湖，拆散鸳侣，各在一方；又或如李商隐，在漫天雪舞中迎来一场别离。

直到暮色四起，他才勒住缰绳，回头黯然伫立。此时早已望不见妻子的身影，也望不见富丽堂皇的长安城，甚至连来路都被风雪封锁。千山万径中，除却一匹马与他为伴，再也看不见其他。或许，此时他想到了前辈柳宗元“独钓寒江雪”的情景，所不同的是，他没有柳老的洒脱与寂然，而是戴上了爱情的枷锁。于是，柳宗元不管钓上来的是雪还是鱼，都安然接受，但李商隐无论怎样用尽蛮力，钓上来的都是让人喘不上气来的虚空。

纵然脚步向前，思绪却倒流，在这寂寞的途程中，他总是忍不住去想象天地间的雪是如何粉饰妻子孤单的世界。它们承载着比柳絮轻盈而比寒霜稍重的分量，旋转着扑进绣着鸳鸯花纹的帷帘，又像蝴蝶那般飘过矮矮的粉墙。先是把脱尽叶子的枯枝老树装扮成长满琼花的玉树，赢得江令啧啧称赞，后又飘进卢家大院，辉映着熠熠生光的白玉堂。不仅仅如此，它还要侵入岑寂的黑夜，与琥珀色的月华一较高下，一争光辉。

但这一切不过是它不肯停歇下来的借口，它费尽心机洋洋洒洒，就是要佳人在冽寒中轻试梅妆。女为悦已者容，他走后，天地都黯然下来，本不必再担忧黛眉是该涂深一点好，还是清浅一些好，也不必顾虑额上的梅花妆是不是合他心意。可妻子还是在这天寒地冻的天气中，以雪为梅，整妆试容。她是认定了他不久便会回来，故而要以最美的姿态，等待他的归期。

然而，时光总是不肯让步，有情人终究扮演了无情的角

色。那一日在屏风后，他是第一次看到她的眉眼，便想要走进她更深的生命里。这一点执着，是痴惘，抑或是情深，都不重要，重要的是她把手交给了他，却一次次地看着他驱马离去，直到肝肠一寸寸断裂。纵然彼此都记得新婚之日不离不弃的誓言，但在跌宕的日子中，他们都默契地闭口不提。

走在漫天雪地里，他甚至不敢对自己许诺，这是最后一次别离，只是庆幸着来日方长，后会定然有期。但缘分这条河流，从来都不是常人能把握的，或许待他归来时，已是人走茶凉。

丧妻悼亡，悲恸赴蜀

若是从未得到，便不会经历失去的悲哀，所以得而复失往往更令人痛彻心扉。物是人非，这一词语未经细细思量，便仅仅是一个简单的词语。倘若身临其境，亲身去体会那一种在熟悉的场景中对往日美好的徒然追念，便会明了那究竟是怎样刻骨铭心的悲伤与惆怅。故而，“物是人非事事休”，所表述的不单单是人事的更迭，更是一切情缘的终结。

而李商隐在徐州幕府，对即将到来的厄运浑然不觉。他深得卢弘正的器重，公文起草早已不在话下，纵然思念时常来袭，日子倒也过得安然。况且持续将近四十年的牛李党争，已经在李德裕于贬所凄凉逝世中落下帷幕，李党全军覆没，再无翻身的机会。纵然谁胜谁负都与李商隐无关，至少再不用在两党的夹缝中寻找生命的绿意。

至于那些济世梦想，就让它随风去吧。末世已成定局，扭转乾坤也不是他一个人能做成的事，如今的他只愿蜷缩在这样安稳的生活中。或许，再过些日子，也可以将妻子接来，与她在没有是非干扰的地方厮守终老。然而，每当他以为找到可以停泊的水岸时，强劲的风浪便无情袭来，将一切掀翻，好似命运给予他的每一次安慰，都是为了让他迎接更大的动荡。

大中五年（851），卢弘正在徐州病逝，李商隐那正在萌芽的春天，还未柳暗花明，便铺了一地落红。然而，在他还未来得及哀悼幕主时，妻子在长安香消玉殒的消息，又似一把尖刀，将他的心剜成了空旷的荒芜。

李商隐最后一次见她，她站在漫天大雪中，为去徐州幕府的丈夫送别。她咽泪装欢，在萧萧风中抖动得如同簌簌而落的雪花。李商隐狠下心肠，掉转马头，顷刻间就把她甩在了身后。这一幕仿佛发生在昨天，怎么就突然地……从此以后山水都能相拥，日月都能遥望，他和她再也不用分别，却再也不能重逢。

蔷薇泣幽素，翠带花钱小。
娇郎痴若云，抱日西帘晓。
枕是龙宫石，割得秋波色。
玉簟失柔肤，但见蒙罗碧。
忆得前年春，未语含悲辛。
归来已不见，锦瑟长于人。
今日涧底松，明日山头檗。

愁到天地翻，相看不相识。

——《房中曲》

这是李商隐为妻子写下的第一首悼亡诗。在辗转的幕府生涯中，他凭着旁人所不及的才华，蘸着仕途的心酸与波折，用翰墨丹青填下了许多首诗。一朵将落的牡丹、一叶着雨的枯荷、一枝婀娜的柳条，甚至一株墙角的幽草，他都会想到自己，随后略作思量，下笔即成一首好诗。而在这一篇篇佳作中，只有少数是写给妻子的。从初识到执手，从相守到相思，从甜蜜到忧伤，而后便隔着山长水遥的分离。有心为她作诗时，总是寂寞难挨，如今再一提笔，却是天上人间，阴阳两隔。从此以后，生老病死各不相关。

那蕙质兰心、韶容美好的女子，本是一朵初绽的蔷薇，却在病痛的折磨下形销骨立，在幽寂中滴露哭泣。她或许也曾在萧瑟的风中，拖着病体倚立良久，终是没有把良人盼来。愁病交加凄风苦雨裹挟着绝望而来，终究夺去了她鲜活的生命。

旁侧的小儿年岁尚小，无知无畏，浑然不知生离死别的痛楚，依然抱枕而眠。李商隐慈爱而惆怅地抚摸着他的脸颊，希望他永远都不懂哀痛的滋味。正是这样简单的笔画，勾勒出了比泰山压顶还要沉重的悲伤。李商隐背负着这样的伤痛，本想沉沉睡去，或许等他一觉醒来，日子还如从前一样，妻子依偎，小儿撒赖。然而，夜深人静，冰冷的玉枕、空空的簟席，好似一个诅咒，时时提醒着他什么是物是人非。

想要占得天长地久，就好似用手去捕捉风，用网去羁绊水，那些好景良天，终究成了一场空梦。犹记得前年春日，她伫立在岔路口，看到从桂林归来的丈夫的一瞬间，一抹笑意就从她嘴角弯起，而这笑还未在脸颊上完全舒展时，就转成了泪花。有太多的话想要倾诉，千头万绪竟不知从何说起。而那欲语未语之言，在她走后，终究成了一个措辞优美而悲伤的谜语，任凭诗人怎样猜测，也猜不出谜底。

岁月如同六月易变的天气，它今日赐予世人丰腴的记忆，明日便把这一切无情地收回，让快乐的过往成为日后痛苦的源泉。李商隐曾与妻子手挽手走在郊野踏青，情意缱绻似蜜他也曾赶到热闹的街市，只为给她买一盒中意的胭脂水粉，但这些欢愉往事，在如今看来就好似一记毒辣的耳光，不偏不倚地甩在自己脸上。有那么一瞬间，他那被耳光震蒙了大脑，觉得妻子“已不见”，不过是上天开的一个玩笑。而当他看到妻子平日所弹的锦瑟已落满尘埃时，方才知道今生今世再也难觅芳踪。

生不能把握，死不能挽回，漫长人生的这两端委实让人无可奈何。逝去的妻子，结束了含辛茹苦的生活，而留下来的李商隐，终究还要迈着蹒跚的步子，继续走下去。他本已似“郁郁涧底松”，始终得不到高人赏识，在社会的底层受尽苦难的折磨，而妻子的抚慰犹如夏日的一阵穿堂风、冬日的一盆炭火，拂去燥热也带来温暖。妻子的离世，让他生命中那唯一一点亮光也熄灭了。自此，他就如那味苦的黄檗一般，思念长随，苦心长伴。

或许，天翻地覆之时，沧海桑田之日，他们便可相见。

但恐怕待到那时，岁月已把彼此容颜更改，让两人相见不相识。故而，两个世纪之后的苏轼，这样悼念他的发妻：“十年生死两茫茫，不思量，自难忘。千里孤坟，无处话凄凉。纵使相逢应不识，尘满面，鬓如霜。”他与妻子之间隔着茫茫生死和遥远的时空，想要触及却无法触及，想要相见却又怕相见。原来，世间失去的悲哀，竟是这样让人无可奈何。说来也怪，诗词中写到的女子，多半是歌姬舞女之类，少有人将自己的发妻写入诗词。而那些写发妻的作品，被传唱千年的，也多半是悼亡诗词。元稹失去爱妻韦丛后，便有“曾经沧海难为水，除却巫山不是云”这样的名句传世。贺铸怀念亡妻赵氏，写下一阕《鹧鸪天》，其中“重过阊门万事非，同来何事不同归”那悲叹亡人、感伤零落的心境，至今摧人心肠。人们总是在彻底失去后，才懂得念念不忘。李商隐在妻子离世后，便把岁月交付给了相思，此生只怀念王氏一人，也唯有这一人值得怀念。

坟茔的新土渐渐旧去，深闺内也落满了尘埃。该逝去的总会逝去，唯有思念长长久久不绝。爱情如梦一场，一梦一生。可现实如战鼓，如雷霆，如炸在脚边的鞭炮，催促沉浸在悲恸中的李商隐重新上路。同年冬月，新任梓州刺史、剑南东川节度使柳仲郢邀请李商隐入幕，随自己去四川任职。为了逃离这片伤心地，也为了担起一个父亲养家糊口的责任，李商隐又踏上了游幕之旅。在赴蜀途中，一场大雪铺天盖地袭来。记得他离开长安奔赴徐州时，亦是大雪纷飞，彼时尚有妻子相送，而今却是他独自一人。

剑外从军远，无家与寄衣。

散关三尺雪，回梦旧鸳机。

——《悼伤后赴东蜀辟至散关遇雪》

这茫茫大雪好似是从诗人内心最沉痛的深处撕扯出来的，顷刻间就覆盖了整个天地，也湮没了他人生所有的欣悦。一路风霜，万般凄苦，可世间再也没有人将他的冷暖放在心上了；再也没有人在寒彻的冬日为他寄送御寒之衣了；再也没有人坐在织锦机旁为他缝制温厚的棉衣了。行役的艰辛、路途的坎坷、悼亡的悲恸，尽容纳在这短短二十字中。

上天许了他倾世的才华，却夺走他至爱的妻子。有人说这倒也公平，但谁又知晓，他情愿交付这份天赐的笔墨才情，来换得一世顺遂的爱情。只可惜，命运的安排，总是不顺人心意。他不得不为已成灰的爱情，流下心酸彻骨的离人泪，写下深情绵邈的断肠诗。世有旷达人，如晋代陶渊明，曾自拟挽歌，假想自己死后的情形："亲戚或余悲，他人亦已歌。死去何所道，托体同山阿。""人生非金石，岂能长寿考"。这一份勘破生死命题的达观心态委实叫人羡慕，可并非人人都能看透。何况，不畏惧自己的死亡，未必不因亲友的离世而恐惧。

一阵风，一场梦，生死如爱般莫测。生死也是一个局，看穿的是智者，困在局里的是痴人。然这份情痴，每每让人动容。有的悲伤呼天抢地，有的悲伤沉默绵长。明代归有光有篇散文《项脊轩志》，写家中一幢小屋的兴废，如同闲话家长里

短、凡人琐事，然而最后一句，“庭有枇杷树，吾妻死之年所手植也，今已亭亭如盖矣”，几欲令人泪下，物存人亡，你去我在。树在生长，我在思念，繁茂如伞的枝叶，就是刻在时光里的追思。

李商隐的追思，刻在诗歌里，千百年过去，业已枝繁叶茂，长成一棵相思树，结一捧相思子。

半生情缘，相思成灰

景与物，会唤醒记忆。熟悉的旧时风景中，似乎漂浮着记忆的粉末，又仿佛扇动着梦留在那里的羽翼。你忘却的痛与爱，美好与伤害，风景都会帮你记住，帮你烙印在时光的缝隙里，然后等待着与你重逢。到那时，它便会裹挟时光的流水，携着往日的悲欢临面扑来，或抽痛你的疤痕，或填满未愈的旧伤口。

桥畔的垂柳、庭院的春水、窗外的斜风，都让李商隐想起与妻子共度的时光。而梳妆台上的银簪、随风飘动的帷帘、床上的玉簟，又让他从幻境中跌入深不见底的现实。于是，他唯有把痴情的追忆托付给笔墨与诗歌，让绵延的时间替他保管。岁月会老去，纸笺会泛黄，但这份深情，与时光同在。

周国平曾说，未经失恋的人不懂爱情，未曾失意的人不懂人生。可是，以失去换来懂得，算不算买椟还珠？太过精明，是不是就能拥有一切？或许有的人就甘愿以懵懂的姿态，过一种随心的生活。如今李商隐历经了风雨，也失去了爱人，却仍是不懂如何安排人生，更不懂如何唤醒爱情。故而，他只得躲在卑微的角落，去追忆那些似水的年华、凋零的爱情。追忆诚然是一种绝望的追求，但谁又能否认这是他对爱情最后的守候。

在这片守候的土壤中，他殷勤埋下了一抔相思籽，让它们在荒芜的世间，开出一株株不凋零的花朵。李商隐为这捧花取名为——无题。

世间多是好奇之人，故而猜谜便成了人生一大乐事。无论这谜题有无答案，人们总是非要从千头万绪中弄出个水落石出，方才善罢甘休。于是，古时热闹的元宵节，总也少不了猜灯谜这一活动。每至元宵佳节，皇城便成了不夜城，百姓将诗谜写在纸上，藏于花灯内，悬挂在街衢，任人猜度。

李商隐的无题诗，甚至比灯笼中的谜语还要令人着迷。车水马龙，熙来攘往，不乏猜谜之人，他们试图破解那隐约、朦胧的谜题，寻求唯一的答案。但千古之下，人们猜来猜去，无非得出一个“美”字。既然这样，又何必做些徒劳之事，只管把这盏灯笼拿在手里，让它照亮李商隐的相思，也照亮自己的心灵。

相见时难别亦难，东风无力百花残。

春蚕到死丝方尽，蜡炬成灰泪始干。

晓镜但愁云鬓改，夜吟应觉月光寒。

蓬山此去无多路，青鸟殷勤为探看。

——《无题》

落花流水都是不可逆之事，只在倏忽间世事就变了模样。过去见百花凋零，也知道光阴正在行走，岁月正在道别，然而直到今日，李商隐才真正知晓年华倥偬竟然会带来如此深刻的切肤之痛。但逝去的不可重来，挽回简直是异想天开，他只得在无涯的时间里，回味没有早一步也没有晚一步的相遇。

李商隐一朝及第后才与王氏相遇，结为连理后，相守的时间却不过三两年，其余皆是漫长的离散。本以为命运已足够苛刻与残忍，却不料还要将妻子的性命彻底索去，让他奉上天长地久的相思与痛楚。相见“难”，相别“亦难”，爱得真，爱得纯粹，痛也就蚀骨，不掺一丝杂质。

世间不乏痴情人，但难得的是对爱的坚守。李商隐生命中至爱的女子撒手人寰，他便再无力爱上其他女子。即便是有人好心为他说媒，劝他续弦以脱离苦海，他也婉言相拒。他就是要用余生、用行动实践爱的真谛——真爱与生命同在。妻子如同春蚕一般为他付出所有，直至生命终结；如同蜡烛燃烧成尘灰，爱情才可完尽。而他亦要如此，只要生命不竭，思念便不枯。

琐碎的生活，难以达到至善至美的境界。但正是这些缺陷与遗憾，丰腴了心灵，充盈了艺术，实现了另一种完美。翻开泛黄的诗笺，自《诗经》的时代起，人们便开始写下有关爱恋的诗行。但少有如“春蚕到死丝方尽，蜡炬成灰泪始干”这般，将爱与生命牵系在一起，让奉献与获取唇齿相依，残酷但心甘情愿，痛苦但美丽至极。

落笔至此，已是高潮；爱情至此，已成传奇。这谜一样的诗，不管有解还是无解，后人都该无憾。纵然李商隐已经领悟了爱情真谛，但悲伤还是像潮水般，漫过他的身体，又漫过他的心怀。守着这段成空的爱恋，他自然难以入眠。愈是如此，他便愈憔悴，待清晨揽镜自照时，又为自己的憔悴而愁肠百结。深夜不寐，是为爱情之不可追；次日忧愁，是因年岁渐长而生怕记不住妻子的容颜。这般昼夜回环、缠绵往复，皆由情深而起。

他总是想象着妻子并没有真正离开，这也不过像往常一般，是场短暂的别离。她应该亦受着相思之折磨，辗转难眠，在一盏将熄的孤灯中吟诗遣怀。寒冷的月华从掀起的帷帘中渗入，映着她的玉肌，也照亮了她的落寞。

这不免让诗人心疼，故而他欲要走遍千山万水，与妻子相见。但妻子已在另一个世界，他无法跨越这个界限，踏上通往蓬山的道路。既然会面无望，他只得请使者为自己传递思念。

诗歌总有结尾，故事总会落幕。但是李商隐的追寻与相思，犹如时光的河流，永无枯竭之日。

飒飒东风细雨来，芙蓉塘外有轻雷。
金蟾啮锁烧香入，玉虎牵丝汲井回。
贾氏窥帘韩掾少，宓妃留枕魏王才。
春心莫共花争发，一寸相思一寸灰。

——《无题四首》其二

现实朝夕变幻，山河瞬间易主，万物皆走在行将枯萎的路

上，唯有真情在岁月中无可磨灭。这一次，李商隐在诗中扮演了妻子的角色，从她的角度去体味更深层次的相思。

此时此刻，天空吹着飒飒东风，下着绵绵细雨，荷塘外响起阵阵轻雷，她侧耳倾听，好似在凝神等待丈夫归来的车音。纪昀在谈到此诗首联时云："妙有远神，不可理解而可以意喻。"又道出了相思难以言传，只可体味。唯有在相思的苦海中浸泡过的人，才能领悟爱的旨意。李商隐能道出旁人难言之语，与其说是他的才华使然，倒不如说是妻子的离世让他猛然看透了爱情——唯有失去，才会永远拥有。

过去妻子在等待他时，定然是以忙碌填充孤独。她先是开启香炉的金蟾锁，放入香料点燃，任香烟在闺房中缭绕升起。随后她又摇着玉虎装饰的辘轳，拉着井索从井中打水上来。她以为这样就可以将寂寞甩在脑后，却又被"香""丝"生生出卖。"香""丝"即是相思，她无论怎样掩饰，都逃不出思念的枷锁，也挣不脱真情的羁绊。

然而，网罗在情咒中的，又何止妻子一人。西晋贾充之女私通韩寿，以西域异香相赠，因香气无法闭锁，幽期密会最终泄露。魏晋时，甄宓思慕曹植，生前不能相亲，故死后以金缕枕相送。曹植梦见此事后，便作下《感甄赋》。魏明帝见之，便命他改为《洛神赋》。爱情纵然不可遏止，也不可磨灭，但终究要历经身心的折磨。贾氏窥帘赠香，是私会的冒险；甄氏以枕传情，要以生命为偿；李商隐之妻亦是命丧黄泉，才换得他永世的惦念。

即便至诚至深的爱情如此诱人，尝过辛酸百味的李商隐仍然心有戚戚地告诫世人，对爱情的渴望，莫要像春日的花一般竞相开放。因他知晓，即便艳若娇荷，纵使激情如火，也有枯萎与消逝的一日。蚀骨的相思，也会在漫长的等待中，一寸寸成为灰烬，化作绝望与悲苦。

人人皆言是“一寸相思一寸灰”令这首诗成为千古名篇，但谁又能否认，正是爱情的美好与不可得之间的纠缠，使得岁月也动容。一千个读者有一千个哈姆雷特，这些无解的诗行，自李商隐写出之日起，猜谜之人便纷纷亮出自己的谜底。除却对爱情的嗟叹这一解读外，更有不少人倾向其是效仿屈诗原，以香草美人，婉曲地倾诉心中郁结。清人徐德泓认为，此诗是表现时人奔走侯门，有人暗相援引，而已则一非年少，又无人怜才，徒然无益。近人汪辟疆则认为，本诗是在苦诉寄望令狐绹而无果的失望。清代程梦星甚至认为，此诗不过是诗人在幕府的寂寞之叹。

有寄托也好，无寄托也罢，而李商隐只愿守着自己的秘密，在字里行间温习妻子的脉脉温情，铭记每一次的缱绻场景。

情深调苦，初心不负

王实甫在《西厢记》里写：“花落水红，闲愁万种。”一番闲愁竟有万种，只因它并没有一个确定的模样。有人说闲愁是雨后落花、柳上新月；也有人说闲愁是日暮黄昏、梧桐秋雨；还有人说闲愁是醉生梦死间的几句低吟。闲愁到底为何物，恐怕也只有品过闲愁滋味的人才说得清。

贺铸《青玉案》里写："试问闲愁都几许？一川烟草，满城风絮，梅子黄时雨。"这一千古名句，其实仍只是泛泛道出了闲愁的某一种意境。倒是词的首句"凌波不过横塘路，但目送、芳尘去"，透露出一丝端倪。那时贺铸对凌波仙子相思盼望、求之不得，所以，他的闲愁便无关风月，只是现实的压抑与理想的止步不前。

李商隐也有闲愁，在妻子去世以前，他的闲愁与贺铸并无二致，空有才华，却无人赏识。即便也曾遇到过几位伯乐，踏入了繁华的九重城，却从未进入锦绣的权力场，只是被生生夹在了党争的罅隙里。妻子去世以后，他把所有的心力都倾注在了思念与怀想上，这份由相思积淀成的闲愁，便与贺铸之愁有了区别。

所以，李商隐如今的愁绪无关乎现实与理想的针锋相对，而是因爱情得而复失而起，因与妻子阴阳两隔而生。即便相聚无望，也要执着追求。这是痴也好，是醉也罢，细细掂量起来，李商隐的闲愁在那"万种"之中，却显出了郑重其事，也附加了沉甸甸的重量。这一抹闲愁，美丽、伤感、缛艳、凄凉，有希望也有绝望，有喧嚣也有岑寂，是宿梦也是清醒。让人不得不感叹，到底是怎样的笔触，到底是多深的相思，才将闲愁做出了如此独一无二的质感。李商隐可以用一盏茶或者一炷香的时间，完成一首《无题》诗，却要以余生的速度，记住妻子已被尘埃掩埋的容颜；以岁月的长度，细细描摹自己浓密的愁绪。他终究是要为这段枯萎凋零的爱情负责到底，直到生命尽头。

凤尾香罗薄几重？碧文圆顶夜深缝。

扇裁月魄羞难掩，车走雷声语未通。

曾是寂寥金烬暗，断无消息石榴红。

斑骓只系垂杨岸，何处西南待好风！

——《无题二首》其一

李商隐下笔写女子时，从来都不轻佻，甚至连一份感官上的亵渎也不肯有。不论是少年之时爱上的道观内女子，还是在春日迟迟时邂逅的柳枝，他都不会随意泼墨，及至与他执手并肩的发妻，他则更是不敢有丝毫恍惚。这固然是他高雅的品性所致，却也是因为他有善感的心灵，所思所感皆是由心而发。眼睛看到的形迹，反倒变得不重要了。

所以，后人从不知道他妻子的模样，只知她有着罗敷的美貌与美德，如丁香一般结着散不去的哀愁。至于这满目的忧愁因何而起，或许她自己也并不知晓。如若非要为这份幽怨冠上名分，思量来思量去，不过是因情缘不可再续。

于是，李商隐承受着爱情折断之苦，想象着妻子生前或许在巷口痴痴地等待着他归来；或是在翠弱红衰的庭院暗自垂泪；或许有时干脆什么也不做，只是伫立窗前看着风拂柳絮。有多少个分离的日子，她便有多少个难眠的夜晚。夜越来越深，而睡意却越来越淡，妻子唯有一针一线缝制碧文圆顶的碧色罗帐来打发寂寞。

这顶罗帐织纹精美，花样清丽，散发着绮罗香泽。世人称此种复帐为“百子帐”，为婚礼之时所用。妻子长于女红，在

相思难耐时，她没有缝制香囊，亦没有缝制衣衫，而是伴着忽明忽暗的烛光，缝制这顶寓有“百年好和”之意的罗帐。她让纤纤素手引着细针，细针引着丝线，从罗帐的这一端到罗帐的那一头，小心翼翼地循着爱情的线索，一点点向前。

但这番良苦用心，终究没有缝合上爱情的伤口。在这寂寥的长夜中，她只得从最初的邂逅中，寻找爱情的源头。彼时他驱车而过，行色匆匆，而她则含羞以团扇遮面，斜眼偷窥，还未来得及启齿，对方那嗒嗒的马蹄便悄然走远。

若想拥有美丽的事物，定要付出与它保持恰当距离的代价。初次相逢，妻子知晓了爱情的瑰丽，纵然两人顺利地结为连理，终究要品尝相离的痛楚、相思的苦涩。李商隐辗转幕府，而她则在闺房内盼着他的归期。瞬间的相逢，却换来漫长的等待，在逐渐暗淡的烛光中熬过令人绝望的夜晚。春事开至荼蘼，转眼即是石榴花开的季节，而李商隐仍未归来，徒留妻子的思念泛滥成海。

石榴花正红，尚有整个夏天可以托付，至秋日时，还能结出汁多味美的石榴。而妻子彼时正值妙龄，却已经将锦瑟年华托付给了遥遥无期的相会，以及比时间更为长久的等待。

爱情中，多的是自欺之人。因思念情切，妻子便幻想，或许两人不过是咫尺天涯，无缘相见罢了。可能他正在杨柳岸边系马，但愿此时有一阵长风吹过，能将自己送到对方身旁。这样的安慰，或许能暂时让自己宽怀，一旦久了就变了滋味。就好像是承诺刚出口时新鲜诱人，但无法兑现，诺言也就变质成谎言。

人们总是不懂珍惜的含义，待懂得时，人往往已然逝去。于是，混合了悔恨、遗憾的相思与惦念，写进诗中后，往往更为深情，也更为苦涩。关于李商隐的诗，后人评曰，“情深调苦，往往感人”“深情丽藻，千古无双，读之但觉魂摇心死，亦不能名言其所以佳也”。而这首《无题》诗，“深情”与“苦调”，犹如雪地里的一枝红梅，格外醒目。

相遇却不能言语，相爱却不能相守，是为“苦调”。明知重逢无望，仍要苦苦坚守；明知相思无益，依旧执着追求；是为“深情”。故而，它美，又美得痛心；它悲，又悲得缠绵。李商隐就是用这种带着疼痛烙印的美，在广袤的天地中，在荒芜的时光里，为妻子献上最深的思念。有人说，在所有伟大的作品中，只有两大永恒主题可以唤起全人类的共鸣，即爱情和死亡。而当这两大主题在同一个文本中同时出现时，则更能让世人惊艳。因有对爱情的执着，有对生命的敬畏，也有对万物的彻悟，故而每个字，每行诗，都如随风潜入夜的细雨，不经意间就润化在世人心里。

重帏深下莫愁堂，卧后清宵细细长。
神女生涯元是梦，小姑居处本无郎。
风波不信菱枝弱，月露谁教桂叶香？
直道相思了无益，未妨惆怅是清狂。

——《无题二首》其二

虽然百年好合的愿望，已经成为一帘终究会醒来的幽梦，

但深情之人，仍然在无望中坚守着微弱的希望。或许，最终仍是一无所获，而那守候的过程，亦是爱情本身。

妻子已经去世，向前追求自然成了虚妄，因此李商隐只得拨开过往的迷雾，从回忆中撷取尚有余热的记忆。这一次，他亦把妻子惆怅的场景，放在了无限凄凉的夜晚，而他无非是在远离家乡的某个幕府中，做着卑微的文书工作。

纵然秦观吟唱着“两情若是久长时，又岂在朝朝暮暮”，但哪对情人愿意隔着天涯海角的距离，独自吞食那份难咽的相思？帷幔沉沉垂下，闺室内一片静默，孤身一人的妻子难以入眠，深感漫漫长夜无所依靠的荒凉。时间缓缓滑过肌肤，痛苦则一寸寸漫上心头。

《乐府诗集》之《河中之水歌》中有云：“莫愁十三能织绮，十四采桑南陌头。十五嫁为卢家妇，十六生儿字阿侯。”自此“莫愁”便指美丽、无忧的女子。可惜的是，妻子继承了莫愁的如花容颜，却遗失了那份天赐的快乐。在出嫁以前，她也曾在秋千架上随风而荡，让笑声翻过矮墙，引得行人伫立。而她用双手将心捧给李商隐之后，便随着他的颠沛流离，在小小的闺房中，尝尽孤愁滋味。

世间情缘，最经不住分离，最怕一切“元是梦”。

昔日有楚怀王梦游巫山，邂逅巫山神女。正值惊艳时，神女自荐枕席，遂成一场云雨欢爱。在幽暗深远的巫山里，神女“旦为朝云，暮为行雨”，行踪飘忽不可捉摸。或许，从最初相遇之时，便是一场阴差阳错的误会，是一场抓不住任何蛛丝马迹的空梦。《乐府诗集》中记载，清溪小姑曾与赵文韶偶有遇合，但终究因仙凡之隔而归为虚妄。故而，小姑至今独处，无所依托。

如今，李商隐将亡妻比作巫山神女，又比作清溪小姑，既是赞叹其如神女一般有出尘之姿，更是赞叹其今后再也难觅芳踪，只得托付于梦。

而失去妻子的诗人，就像遭受狂风暴雨摧残的柔弱菱枝，又似缺少月露滋养，无法吐露芬芳的桂叶，在荒芜的尘世中，拖着疲惫的身躯踽踽独行。尽管爱情如梦如幻，可遇而不可求；即便身世不幸，被浪潮一波波卷袭；纵使相思于事无补，他仍把这份痴情当作最后的坚守。

关于爱情的痴言，最是《上邪》让人动容。“山无陵，江水为竭，冬雷震震，夏雨雪，天地合，乃敢与君绝！”这位女子设想的情况事事荒谬，件件离奇，实无可能发生。所以在她心里，深爱无以复加，痛爱至死不渝，断爱绝无可能。纵然李商隐写下的“直道相思了无益，未妨惆怅是清狂”，不及上邪式的爱情宣言强烈浓郁，但其精致实在有过之而无不及。

相爱不是为了告别，却总是难逃分袂的宿命。由来爱最难消磨，销骨噬心的滋味，但凡爱过的人都能体会得到。

卷六　锦瑟哀弦思华年

夕阳虽好，惜近黄昏

年轻时若经历变故波折，或许尚能单纯地为之哭泣，而年纪越大，生命里的起伏便裹挟了越多沉重的况味。关于人生，关于生死，关于不再留有余地的岁月，都有太多无从道出的悲凉。

李商隐在这个末世经历了太多，因而也就有格外多的怅惘感慨。只是，无论怎样感慨于前路的茫然，眼前横亘的依然是不得不面对的现实。这一份心底的思量，便唯有在一次次登高中得到升华，也得到释放。

此时的李商隐，就好似经过流水打磨的鹅卵石，渐渐趋于圆润，对于得到与失去的界限，也日益模糊难辨。既然生命中最为重要的已然失去，留下来的就权当作是上天的馈赠。豁然开朗总是在历经潮涌浪卷之后，如同彩虹总是挂在久雨初晴时。如今吸引他的不再是充满蓬勃朝气的晨晓，而是将要与黑夜交替的黄昏。只因此时，他知晓无论是时代，还是自己，大限已至。而他唯有在这抹无限好的夕阳中，一边赞叹，一边怅惘。

向晚意不适，驱车登古原。

夕阳无限好，只是近黄昏！

——《乐游原》

黄昏，就好像一则关于时代和人生的寓言。它实在太美，这美不张扬，不妖冶，是经历了繁华，又承受了落寞的大气之美。但它即将消逝，湮没在墨一样的子夜中。于是，人们总免不了对它留恋、悼念一番。即便明日还有新的太阳跃出地平线，也与今日的有了差别。

在浪里沉浮过的李商隐，更能感知黄昏刹那间的美，与永久消逝的遗憾和眷恋。但这次他驱车登上古原，并非为了单纯去寻找黄昏给予他的感慨，而只是因“意不适”。

对于这“意不适”，诗人做了模糊处理，于是后人也无从知晓是因何而起。或许是又想起了已不在人世的妻子；或许提笔作诗，苦思冥想却找不到合适的措辞；也或许仅仅是因为一剪斜风惊起了一潭池水。但这些历经千年后，已变得不再重要。重要的是，诗人并没有如往常一般，将自己囚禁在惆怅的牢狱中，而是驱车出门散心，让自然界治愈他的伤口。

乐游原位于长安西南，西汉时汉宣帝曾在此为故世皇后建立乐游庙，又名乐游苑。因这里地势高而轩敞，人们便渐渐以“原”称之。登上此地俯瞰长安城，曲江、宫陵、终南山等丰美风光皆可入目，遂而成为游览胜地。每逢重要节日，即正月晦日、三月三日上巳节、九月九日重阳节，此地便成了游玩的好去处。舞文弄墨之人，到了此地总不会放过挥洒感慨的机会。

李白曾写下：“乐游原上清秋节，咸阳古道音尘绝。音尘绝，西风残照，汉家陵阙。”虽然是倾诉女子情怀的相思词，但由于出自诗仙手笔，仍不失盛唐风致。其中宏阔的意境，浑厚的气象，悲壮的声情，更是悲凉跌宕，颇有长篇古风之气。而李商隐少了李白的那一份洒脱，也遗失了盛唐那一份磅礴的气韵。所以，同样提到了乐游原，李白的悲凉是替词中女子臆

想出来的，而李商隐的悲凉则与生俱来，深彻入骨。唯有被苦痛的车辙在身上轧过的人，才能够懂得朝夕交替时的那种幻灭的美。因为知晓盛衰只在顷刻，下一秒或许便是岑寂，故而更能从零星的美感中，寻求到永恒的意义。即便这其中渗透着深重的哀伤，也算得到了一种对生命的领悟。于是，当李商隐登上乐游原时，看到重重云雾盘踞空中，一轮夕阳在云雾的空隙中迸射出一条条殷红色霞光，宛如深沉大海中的游鱼翻滚着金色的粼光时，他最初的感受除却“美”字能形容，再找不到合适的词语。

元代的马致远用枯藤、老树、昏鸦、小桥、流水、人家、古道、西风、瘦马，写就了一首《天净沙·秋思》。没有任何粉饰，就将眼中琐碎的景致搬进了词中；没有构思布局，却是最和谐又最悲凉的组合，成为游子羁旅最为经典的场景。殊不知，早在多年前的晚唐，李商隐仅仅用二十个字，便写尽了人生感悟。概括起来，这二十个字，只包含三个词语——古原、夕阳、黄昏，还有一个隐在的诗人。

马致远行在路上，感受到的是人生漂泊无依的荒凉，故而在将所见风景罗列完毕后，引出一句“断肠人在天涯”。李商隐这首诗，亦没有华丽的辞藻，亦是将眼中所见诉诸笔端，同时也有马致远的“断肠”之感。所不同的是，马致远的哀伤是赤裸裸的，而李商隐所感受到的惆怅，被掩盖在了美感之下。

看着夕阳一寸寸沉浸在“半江瑟瑟半江红”的江水中，与夜色交替渗透，的确是一种大美。然而，这大美背后，却是一场宏大的谢幕。亲眼看着美好的事物渐行渐远，就好像心在一点点下沉。它无影无踪时，心也似乎被莫名的尖刀剜去。

诗人看着夕阳下坠，恰如看到自己的人生。感官的迟钝、身体的衰老、死亡的催逼固然使他悲伤，但这场爱而不得、得而复失的人生，才是他真正感伤的原因。时至晚唐，中兴无望，昔日繁盛的大唐不复存在。而李商隐空有一腔抱负，终未来得及施展，便陷入朋党之争。犹如一条鲤鱼在浅滩搁浅，再也无力回到海洋，更别提一跃而起，跳过龙门。李商隐仕途上困难重重，情路上百般失意，所处时代由盛而衰，此中境况，与一天之内的黄昏，有何不同呢?

李商隐因心情抑郁便驱车登古原，在无限好的夕阳中得到满足。但黄昏将逝，这一抹夕阳便似生命里最后一次燃烧的烟火，璀璨过后，便是沉寂的黑夜。这刹那的辉煌，好像在呼唤着此生所有精彩和绝美的瞬间，让人一再怀念、一再留恋。

如今，妻子已经去世，仕途再也无望，时代亦是断壁颓垣，就连集合天地之美的黄昏也将沉入黑暗，但李商隐仍得背负着伤痛走下去。即便走到穷途末路，纵然流浪到海角天涯，他都全盘接受，这既是服从，又是最为强劲的抗争。

春日在天涯，天涯日又斜。

莺啼如有泪，为湿最高花。

——《天涯》

在这首诗中，李商隐也写到了夕阳，只是这夕阳，全然被凉薄的虚无占据，再也不具有丁点美感让人觉得恍恍惚惚，怅

然若失。只因诗人不在长安，亦不在家乡，而是在天涯，这抹夕阳进入他的瞳孔时，便成了卷携一切的讯号。况且诗人在天涯之时，正值春日迟迟，这更使他伤悲。

春日与天涯，一个极其明朗，一个极其黯然；一个格外繁华，一个格外苍凉。诗人把两者嫁接在一句诗里，纵然不忘为这幅春日天涯图，画上一朵红花，却依旧掩盖不住底色的荒凉。故而，天涯的夕阳，便有了多重演义，它是黄昏的变奏曲，是诗人身在天涯的宿命，也是春日的葬礼。

莺歌燕舞春芳菲，最是人生好时节，而诗人因心有郁结，便觉初春转瞬即逝。怀着对春日的留恋、怀念，他决定要为春日写一曲深沉的挽歌，做一次隆重的祭奠，即以夜莺之泪，浇灌最为圣洁的花。

夕阳，是有关人生春暮的寓意；伤春，是为高洁的枝头花，亦是为空有才华的自己，更是为日益衰亡的时代。鲁迅有言，悲剧就是将人生有价值的东西毁灭给人看，而李商隐周边的一切都走在消亡的路上。故而，他写下“莺啼如有泪，为湿最高花”，甚至比杜甫的“感时花溅泪，恨别鸟惊心”还要沉痛悲凉几分。

时光不可逆转，李商隐一路跌跌撞撞地走，踉踉跄跄地行，虽有过短暂的春风得意，但朦胧的黄昏却是他人生的主色调。

只是，他并不知晓，就连这残酷的夕阳西下之景，他也没有几次欣赏的机会了。黑暗已如海水，渐渐地漫上来。

濩落生涯，欲归不能

感伤，是晚唐的表情，也是这个时代几乎所有文人的心事。即便在仕途上平步青云之人，见到花开，也难免想到花落的命运。哲学家李泽厚先生曾说："这里没有李白、张旭那种天马行空式的飞逸飘动，甚至也缺乏杜甫、颜真卿那种忠挚刚健的骨气气势。他们不乏潇洒风流，却总开始染上了一层薄薄的孤冷、伤感和忧郁。"李商隐在这渐渐被黑夜淹没的黄昏时代，自出生之日起，便有了敏感哀伤的气质，再加上爱情的得而复失、仕途的蹭蹬无望，伤感简直成了他生命中的毒瘾，舍不开，也挣不脱。

而他也习惯了，在这份致命的毒瘾中，表演一个人痛苦的狂欢。此时李商隐仍在柳仲郢梓州幕府做着早已轻车熟路的文书工作，虽然每日都将幕主布下的任务保质保量地完成，但心早已如初秋草叶，被霜打湿。从前他尚有逃脱幕府这张网，去更大的舞台中，用笔墨才华舞出一场无憾人生的力气，而如今他已知晓在网中挣扎皆是徒劳。就连时代都将成为写在书页中的历史，他则更是沧海一粟，微不足道。在末世中，所谓的政治期望，不过是湖海中那轮圆月，永远不能打捞上来。

因此，此时他的伤感，并不来源于无法一展抱负，而是欲归去而不能。那座既陌生又熟悉的长安城，虽然再没有他的一席之地，亦没有妻子的温情等待，但身在千里之遥的蜀地，他仍旧将那里视为家的符号。或许，他割舍不掉的，是埋葬在那里的回忆。即便这回忆，痛楚多于欣悦，别离多过聚合，但有时疼痛比快乐，更能成为一个人与一座城市的纽带。

北方还是春寒料峭时，蜀地便已经姹紫嫣红花开遍。这蔓延的柳暗花明，让李商隐那刚下眉头的思乡之情，又涌上心头。

二月二日江上行，东风日暖闻吹笙。
花须柳眼各无赖，紫蝶黄蜂俱有情。
万里忆归元亮井，三年从事亚夫营。
新滩莫悟游人意，更作风檐夜雨声。

——《二月二日》

按照蜀中风俗，二月二日为踏青节，人们争相去郊外抖去藏匿了一冬的萧索与慵懒，染上春日的明朗色泽。清嘉秀丽的江面上，昼间有画舫驶过，载去一船动听的笙歌。笙簧畏寒，天冷时久吹则声涩不扬，须以微火香料暖笙，而如今东风日暖，笙簧之音自然清柔益远。船尾拖曳着的白色的浪尾，正是那快乐的音符。和煦的东风，扫过少女脸颊，将一缕缕淡淡的脂粉香味，携带至每一处细微的角落。清而香的空气，让人忍不住贪婪呼吸。

人们在这片明媚的春光中，恨不得酣畅淋漓大醉一场。若不如此便觉怠慢了这巨大的幸福。行人自有行人的热闹，而花柳禽鸟亦不会错过这场奢华的宴会。二月春风裁剪出婀娜的柳枝，春光催发了满枝红花，蝴蝶穿花绕柳，蜜蜂辛劳采蜜，这朝气蓬勃的时节，全然让人忘了这是末世。花红、柳绿、蝶紫、蜂黄，色泽不多，却足够斑斓，组合在一起便泼染了整幅春天。

尽管李商隐来此地已有几载，大可将他乡作故乡，入乡随俗，与当地人一起醉倒在欢乐的海洋中。而他却执拗地以客自居，紧紧关闭着心门，里面的伤感出不来，外面的阳光也进不去。既然时代将倾，命运留给自己的时日也所剩无几，本该及时行乐，将先前无法享受的春光补回来才是明智之举。但他终究不是豁达之人，只能在热闹的海洋里，吞噬着自己的孤单。

故而，他并没有让蜀地春光在纸上完满地绽放，而是留了两处缺口——“无赖”与“有情”，如同向瓶底有孔的花瓶中浇水，无论浇多少，这水都不会溢出来。花柳并不懂诗人的悲伤，只是自顾自地在春日里舞弄风姿，这难怪让诗人为它们冠上“无赖”的名号。而蜂蝶穿花绕柳，不为自己奔忙，而是殷勤采蜜，尽心装扮春日，故而诗人说它们“有情”。然而，无心也好，有情也罢，它们都贴上了春天的标签，都洋溢着生命的活力，但李商隐再也回不到人生的春天。

姚培谦在《李义山诗笺注》中评论这两句诗时，说道：“无赖者自无赖，有情者自有情，于我总无与也。”的确，他从来都与明媚的春日不合拍，那萧瑟的秋天与肃杀的严冬，才是他生命的底色。尽管此时他在蜀地披了满身春色，但骨子里仍是拭不去的孤寒。即便此地热闹非凡，全与他无关，而他只愿背着空空的行囊，归去。所谓愿望，正是心中所想，而还未实现。李商隐时时欲要归去的愿望，也只是在心底开出花朵，却始终在现实中找不到合适的土壤。说到底，这所谓的身不由己，不过是放不下的一个借口。放不下，又得不到，或许是世间最尴尬的处境。李商隐被生生拉扯在这两端，故而，归去只是念想，从未成行。

他也曾想像陶渊明那般，庭前种柳，房后栽桑，读书不求甚解，饮酒期在必醉，在桃花源中过一种与世无争的生活。但他归家尚且不能，又何谈去归隐。于是，在提到陶渊明之井时，以“万里”做定语。空间的悬隔，让他望而却步，无奈叹息。若说他在政治上还有扭转乾坤的雄心壮志倒也罢了，可他此时早已把追求抛于千里之外，却仍旧在梓州幕府耗费了三年光阴，不过是为了这微薄的收入，以寄给遥在长安的稚子幼女。

说来委实让人心酸，一介有志之士，欲要进入仕途施展平生抱负，却屡屡在幕府中蹉跎时日；欲要离开是非之地，竟然为了养家糊口抽不出身。三年，说长不长，不过几度花开花落；说短又不短，足以让诗人在死亡之路上迈出一大步。

无论怎样，时光总是无法退让，羁旅漂泊的日子仍不能走到尽头。

春江水涨，流水淙淙。如若李商隐此时是一个无忧无虑的悠游者，便可以将韶光当作流水来挥霍，把潺潺之声当作歌曲来倾听。而以客自居的他，在思归不得的天涯羁旅中，听到新滩流水，却好像听到了午夜檐间风雨的凄凉之声，一点点撩拨着他的哀愁。

归去，是每个游子的梦，然而这梦常常在醒来时无影无踪，只留下一团模糊不清的雾气，当作它来过的痕迹。但当人们循着这蛛丝马迹去寻觅时，又常常无功而返。对李商隐而言，有些痛楚，无须渲染便已入骨；有些时光，不必催促便已流走；有些道路，还未走过便已生愁。他带着伤感的枷锁在红尘中艰难跋涉，却始终走不到要去的地方。故而，即便是在明媚的春日，他也能生出一肚子不合时宜的惆怅。当旁人都沉浸在烟花三月中时，他却单单想起了早已凋零的梅花。

定定住天涯，依依向物华。
寒梅最堪恨，长作去年花。

——《忆梅》

古时文人墨客提到梅花时，总免不了赞叹一番。它不同于牡丹的富丽，更不同于桃花的妖娆，而是一种淡雅与娴静之美。宋代的林逋爱梅至痴，甚至要以梅花为妻，相伴终老。那一句“疏影横斜水清浅，暗香浮动月黄昏”，便是他对梅花的表白。

除却美，梅花更有一股端凝之姿、清雅之态。它不屑与春日繁花为伍，自行赶在落雪的严冬盛开，这更引得人们竞相赞叹。王安石则在《梅》中写下：“墙角数枝梅，凌寒独自开。遥知不是雪，为有暗香来。”简单小语，却写尽了寒梅风韵。

而李商隐既没有称赞梅花之美，亦没有歌咏梅花之品，下笔便是前不着村后不着店的“天涯”。或许对诗人而言，除了富丽堂皇的长安，其他皆是天涯。况且蜀地距京城一千八百余

里，更让他有种漂泊无依之感。日复一日，年复一年，他像是一粒钉子，被命运之手牢牢地钉在了这片异乡之地。每至柳浓花红燕纷飞时，他也不是对眼前无动于衷，但因不属于自己，留恋的成分也就掺杂了些许恨意。

他恨物华芳菲而与自己无关，也恨寒梅先春而开、望春而凋。但这恨说到底，不过皆是因为命运。他如寒梅一般，少时敏而慧。十六岁便以《才论》和《圣论》闻名洛阳城，而后一朝及第，跃进龙门，做了王家乘龙快婿。而当人间春日正式到来，万物竞发之时，他却陷进牛李党争的旋涡，簌簌而落。早秀先凋是寒梅的命运，亦是李商隐躲不过的劫难。

世间万物盛衰皆有定数，万古长存的唯有天地山河。即便一切终会消亡，至少存在时的美好值得怀念。纵然这美好一闪即逝，但仍不失为人生的一星花火。而李商隐就靠着这萤微光，走过漫漫长途，这微光燃尽之时，也是他生命终结之日。

故地重游，物是人非

李商隐在梓州幕府，一再想着归去，但真正要归去时，他的心底又陡然生出了一丝害怕与担忧。

唐宣宗大中九年（855），柳仲郢在蜀地因政绩极佳，上得朝廷认可，下得百姓爱戴，便被迁调为长安吏部侍郎。李商隐作为其幕僚，便随他一起返回长安，结束了他人生中最长的也是最后一次的幕府生涯。

他们过剑门、行朝天驿、登七盘岭，梓州渐渐地被甩在身后，而长安愈来愈近。回首之路已是模糊不清，前方亦是晦暗不明，李商隐倏然间感到一种荒芜的窒息感。或许，先前的归去，不过是他逃离幕府命运的借口，当这梦一样的现实摆在他面前时，他反而不知如何去接受。平心而论，在梓州的时光，除却相思的折磨，倒算得上平静而安详，而今要挥一挥手潇洒地与这片土地诀别，他自然生出诸多不舍。

其实，哪里是不舍，他更多的是对未来的茫然无措。

然而，锐利的命运从不给他选择的余地。他只得看着如画的风景，在眼前渐次后退，摇曳成梦中的记忆。

行至大散关，他在这里又一次见到了耸立在山崖峭壁上那座天然神秀的圣女像。犹记得二十年前第一次经过此地时，是赶赴令狐楚之幕。彼时，他刚刚及第，人间花正红，青春正年少，世间万物都似为他而专设。故而，他尚有闲情用微微轻佻而极富美感的笔调，为这座圣女祠赋诗。

松篁台殿蕙香帏，龙护瑶窗凤掩扉。
无质易迷三里雾，不寒长著五铢衣。
人间定有崔罗什，天上应无刘武威。
寄问钗头双白燕，每朝珠馆几时归？

——《圣女祠》

这首诗美得如同一个神话，遣词造句之美自是不用提，那云仙升腾的意境更让人甘愿沉醉其中。

苍松翠竹以饰殿堂，蕙兰香草以绕幕帘，金龙玉凤以护门

扉，诗人集结了最为华贵又不失典雅的词语点缀这座祠堂。他自觉手中有大把明媚时光可供挥霍，笔下有万千锦绣章句可供泼染，尚不知珍惜为何物，即便将它们尽都交付给这座祠堂，他也丝毫不觉得可惜。

有令狐楚赏识，且仕途的大门已为他敞开，就算时代已然倾斜，他仍有信心做一番扭转乾坤的大业。有了唯我独尊的心境，他便认为世界该按照自己的心意来运转。甚至觉得人间多是如他一般的青年才俊，有情亦痴情，竟引得天上仙子身着轻而薄的五铢衣，翩翩飞来凡间，与意中人携手白头。

彼时的李商隐，不知前方有多少艰险需要承受，也就无所畏惧。待他领略到世间风景，尝遍路途辛酸后，才知道轻狂只属于年少。最怕故地重游，风景一如往昔，而人已非少年时。它的出现，不过是在提醒着你已在岁月中老去。如若在时光的罅隙里，沿着记忆中未曾变更的风景路径四处找寻，却如何也找不到自己，更找不到那份不羁的心境。于是，人们总免不了感伤。这感伤是对美好时光一去不复返的留恋与追想，亦是对如今桑榆晚景的哀悯与叹息。

陆游七十五岁后又游沈园，见景生情，想到四十年前与唐婉相遇的旧事。不仅伊人犹在成幻想，就连沈园的池台也变了模样。他自是凄然吟诵了一首《沈园》：“城上斜阳画角哀，沈园非复旧池台。伤心桥下春波绿，曾是惊鸿照影来。”

李商隐亦被眼前这座圣女祠狠狠地抽痛了记忆。二十年前，他仍是一介白衣少年，做着平步青云的美梦。但在他还未来得及在梦中畅游一番时，便开始了游山走水，漂泊无依的日子。回首时，眼中尽是马蹄掀起的滚滚尘土，却遍寻不见那个踌躇满志的轻狂少年。

白石岩扉碧藓滋，上清沦谪得归迟。
一春梦雨常飘瓦，尽日灵风不满旗。
萼绿华来无定所，杜兰香去未移时。
玉郎会此通仙籍，忆向天阶问紫芝。

——《重过圣女祠》

时间和物质几近永恒，而往事如烟，悲欢渐远，唯有江山仍旧静默，河流照样奔腾，丝毫不因人意转移。人事的改弦更张显得如此微不足道，也正因微不足道，才格外令人感觉悲哀。

旁人面对这份悲哀，多半是叹息一声，继续上路，而李商隐却要铺纸研墨，将哀伤美化为一首诗。或许，在诗中他讲述了一个深情而又伤情的故事，让人因感动为之哭泣。但细细思量，赚尽后人眼泪的，往往是从故事中窥到的寄寓诗人心灵、观照诗人身世的如痴如醉的境界。一如这首《重过圣女祠》，每一句都言圣女流落凡尘的遭遇和凄苦，却始终影射着诗人自身的飘零与迷茫。

圣女祠之门由白色的大理石堆砌而成，看起来庄严肃雅。但因无人问津，门扉旁已铺满了碧绿的苔藓，再不复当年“松篁台殿蕙香帏，龙护瑶窗凤掩扉”的繁华与气派。人间沧海可变桑田，仙家又有何二致？

道教把仙境分为上清、玉清、太清三重境界。上清为最低一层，内有蕊珠宫，是大道仙人玉宸君的所居。圣女祠的主人便是居于上清的仙子，不知何故被贬到人间。本以为不久便会被召回，但日复一日，年复一年，她仍流亡凡尘。唯有这厚厚的苔藓与深深的寂寞，陪她度过俗世中的漫漫长日。

帘外的梦雨，淅淅沥沥地润着窗棂，也敲击着屋檐，更浸湿了独处的仙子的幽怨，让人轻易地便想起昔日楚怀王遇巫山神女之事。灵风羸弱无力，微微吹拂，竟连祠堂前的灵旗都吹不展，就如同仙子渐渐委顿的病躯，无法承载得起无尽的哀伤。

柔软的东西，通常比坚硬的事物更让人难挨。梦雨不是倾盆大雨，灵风亦不是滔天狂风，却以柔韧的力量，黏附在人身上，一点点摧毁心底的希望。仙子回天庭的期待，也就渐渐被人间的凄风苦雨所吞噬，她也只得守着自己的孤寂，终日郁郁寡欢。

与她一样遭贬谪的萼绿华，虽六次降临人间，却在天庭与凡间来去自由，不受约束。即便杜兰香流落人间几十载，曾随渔父在海边饱受风吹日晒，尝尽人间辛劳苦楚，但在长大后，便被青童携飞而去，重回仙界。而她却沦谪不归，长守幽寂之境。

现实中得不到时，便转向回忆之路。遥想从前，多情的玉郎仙官与她相会于此，大笔一挥，便帮她取得仙籍。而后两人双双飞向天庭，一边嬉戏一边采撷灵芝。如今仙官不见，她美好的日子也一去不复返。待她从回忆里跌到现实中，往昔的幸福荡然无存，当下的苦楚又猛然袭来。她在往事中得到了短暂的救赎，但欲要再贪婪地从中寻求安慰时，却陷入了更深的痛苦里。因感同身受，或是曾经经历，人们总是爱在别人的故事中，流下自己的眼泪。李商隐站在这座滋生了苔藓的圣女祠面前，用如椽大笔替流亡凡尘的仙子哀伤、惆怅、幽怨。在他如此用心用情挥洒出的眼泪中，定然有一滴是为自己而流。

“碧藓”滋生于圣女门扉，亦铺满了李商隐的仕途之路。仙子“得归迟”，诗人亦四处漂泊，流离失所。“梦雨”“灵风”撕咬着圣女的痛楚，亦淋湿了诗人的梦想。萼绿华与杜兰香都已重返天庭，独留她寄身凡间，与诗人同时及第者大多位极人臣，而唯有他在幕府飘荡。玉郎仙官不再见，往事只可回忆不可逆转，而诗人亦是只得在往昔中找寻缱绻温情，在现实中茕茕孑立。

故地，犹如一座将要塌陷的城堡，你只能远远观望，不可靠近，如若执拗地沉浸其中，必定会被坍塌的城堡埋没。于是你只得一边回望，一边赶在它倒下前飞奔着跑开。李商隐在圣女祠面前，唯有看着往事渐行渐远，然后转身离开。

物是而人非，或许最能激起世人感官与心理的痛楚。东晋大司马桓温北征之时，路过金城，他昔年曾在这里任琅玡内史之职。当时他亲手在城中种下柳树，不想多年以后再见，曾经纤弱未及一指的树苗，竟已长成十围之粗壮。看着那坚韧的树干上道道模糊的纹路，仿佛浸润了岁月的沧桑，久经沙场的桓温泫然泪落：“木犹如此，人何以堪！”

草木无情，人生易老，半生已过，英雄作古，桓温当年恢

复国土的壮志也成蹉跎。在桓温那里，对于时光翩跹而逝的心惊感受是与家国江山的情怀糅合在一起的，他洒下的当是一把壮志难伸的英雄泪。数百年后的李商隐，不曾掌握重权，时代也早已失落了往日金戈铁马的豪情。故而，他对物是人非的慨叹，对往事的回忆，不似桓温那般激越慷慨、声泪俱下，而是缠绕在诗行里的美丽哀伤。

李商隐回到长安时，已是次年之春。长安已然枝繁叶茂，柳绿花红，但属于他的锦瑟年华，却再也无处可寻。

扬州怀古，兴亡沉浮

从凄迷的风雨中走到晴天的人，总会说苦难之所以让人难熬，是因为你在走上坡路。那些曾经使你的心受苦和刚硬的，其实是上天赐予的礼物，终有一日苦难会转为幸福。而一直挣扎在凄风苦雨中的人，却早已在发霉的日子中，对一切心灰意冷。或许他们仍会如往昔那般，在自己的位置上兢兢业业，不过也仅此而已，不再奢望命运的青睐。

在浪海里沉浮了大半生的李商隐，亦不再抱着飞黄腾达的期待，只愿沉浸在只属于自己的悲伤中，为妻子而赋诗，为孤独而轻吟浅唱。见花落而伤怀，闻雁鸣而惆怅，逢黄昏而黯然，是他生来即有的敏感思绪。随着年岁渐长，这份感伤更是有增无减。至于伤怀中有几分是为了始终不顺遂的仕途，他也说不清，如同要分辨落叶满地，有多少是因为秋风乍起。

在官宦生涯中，他不过是一块石砖，哪里有需要便被搬去哪里。或者他又是一根金丝银线，未能用来织成一匹锦，却始终被当作一团乱麻，一次次被搁置在角落。对于此，他曾经愤懑、不甘、痛楚，而后在岁月的打磨中，他渐渐以无所谓的姿态全盘接受命运对他的裁定。从梓州回到长安之后，他一面享受着与小儿女团聚的幸福，一面漫不经心地等待着朝廷的调令。

柳仲郢由吏部侍郎改为兵部侍郎，充诸道盐铁转运使。因他极念旧情，便将李商隐奏充盐铁推官，派他到淮南、扬州一带去稽查盐院的事务。在古代，盐与铁是由政府垄断的，一方面盐铁资源稀缺，又是日常生活与军事活动中不可或缺的资源。控制了盐铁不仅能牟取暴利，同时还有利于稳定政府。就如明代官员王铎所言："笼天下盐铁之利，则军帅无侵渔，逋行无绝饷，而中国可高枕矣。"故而，盐铁官营的传统始自汉代，其后历朝历代统治者无不遵循，且会对私贩盐铁的人处以极其严厉的惩罚。唐宣宗更是对此项工作极为重视，如今李商隐被任命为盐铁推官，终究迎来了命运的第一次垂青。

但得到与失去从来都是毗邻而居，他仕途的起色却要以再次挥别长安为代价。长安与他，分不清谁是谁的过客，好似一对暧昧的情人，彼此有情，却无法永远相拥。大中十一年（857），他又扬鞭上路了。

在他的记忆里，江南是父亲温柔敦厚的教导，是歪歪斜斜的石板桥，是柔软无忧的童年时光。走过人间沧桑的李商隐，再次回到这片土地。许是年代久远，一场蒙蒙烟雨轻易就将这些如水乍泄般的往事冲刷干净，反倒是那些历史沉寂更能引得他的兴趣。

几天的奔波之后，他到达了遍地皆是旧事踪迹的扬州。

紫泉宫殿锁烟霞，欲取芜城作帝家。

玉玺不缘归日角，锦帆应是到天涯。

于今腐草无萤火，终古垂杨有暮鸦。

地下若逢陈后主，岂宜重问《后庭花》！

——《隋宫》

这是座俯拾皆是故事的城市。古老的城墙、屋檐的碧瓦、大运河里的水纹，甚至每一缕空气，都承载着古老的历史，雕刻着斑驳的时光。

在风吹雨打中，宫殿与城堡或许会被慢慢地腐蚀，但也正因为有岁月的痕迹，它更显出了独特的韵味。透过历史的云烟，去看发生在这里的红尘往事，总会让人在感叹中驻足，在驻足里怅惘。

扬州自古以来便是东南沿海的重镇，六朝以来此地更是物阜民丰，且文化气息浓厚。及至隋朝，在隋炀帝杨广统治下，扬州的繁华与衰亡一起上演。隋文帝杨坚建立隋朝后，收兵买马为统一全国做准备。在他的统治下，中央集权得以加强，吏治得以澄清，经济得以发展，与突厥的关系得以处理好。而后一鼓作气，终于在开皇九年（589）结束南北分裂的局面，完成了统一南北的大业。

在统一全国的过程中，杨广屡立战功，其父去世后，他便毫无争议地登上王位。向来是攻江山易，守江山难。虽然他曾为隋朝的建立出生入死，为抵御突厥挥师北上，为统一大业率军南下。但当江山落到他手中时，他不知珍惜是何物，因好大喜功，而让隋朝这朵刚要盛开的花过早地凋谢了。

短短几十年，他便将其父苦心经营数十年的大隋帝国折腾得摇摇欲坠。他在脑海中勾勒了一幅不切合实际的大国蓝图，要以大外交、大排场、大工程、大战争来构建国家，最终大国没有建成，反倒是拐进了荒淫无道的胡同。

为满足骄奢淫逸的生活，他于扬州大修宫殿苑囿、离官别馆，带宫女数千人骑马游西苑。苑内极尽奢华，人工湖与假山相映成趣，亭台与楼阁交映生辉，宫女挥袖吟曲，大臣欢饮达旦。他恨不得要在此地浸泡上百年，大有将此地视作帝都的意味。故而，长安的紫泉宫便被搁置起来，空有烟云缭绕。

为饱览江南秀色，他又下令开凿大运河，且造龙舟数万艘，带领众诸王、百官、后妃、宫女等浩浩荡荡游江都。每艘龙舟皆是雕梁画栋，以金玉装饰，熠熠生辉。游赏途中，若遇大风，舟便乘风张帆，顺风而行；如若风平浪静，隋炀帝便命人用五色锦缎拴住龙舟上的殿柱拉着前行。到达扬州之后，帝王携着妃嫔，游青山玩绿水，乐而不思蜀。

隋炀帝畅游江都时，自是一路欢歌，而百姓却因要供奉山珍海味、美馔佳肴而怨声载道。以至于隋炀帝准备第三次游江都时，大臣苦苦劝谏："若再纵情游乐，天下恐生变故！"而他却不以为然。

终于，公元611年，民众乃至贵族发起大规模的"隋末兵

变”，朝廷大乱。公元618年，隋炀帝于江都被部下缢杀，隋朝灭亡。

“玉玺不缘归日角，锦帆应是到天涯”，此两句向来被看作是名句。何焯评云：“著此一联，直说出狂王抵死不悟，方见江都之祸，非偶然不幸，后半讽刺更有力。”此语甚为中肯。讽刺隋炀帝确为不假，却忽略了“日角”的潜在意义。李渊庭中骨起状如日，有帝王之相，便揭竿而起，打败了昏庸的隋炀帝，建立了大唐。但先王的基业，总是会被后来者渐渐挖空，初唐蒸蒸日上，盛唐雍容华贵，如今已是风雨飘摇的晚唐，不知何时便如隋朝一样，被新兴的帝王践踏在铁蹄之下。

你方唱罢我登场，历史就如同一场戏剧，演绎兴衰成败、悲欢荣枯。在大幕未曾拉开前，谁也预料不到是谁扮了主角，又是谁演了小丑。杨广的龙舟因李渊的讨伐，永远地停在了扬州，但他倒行逆施的影响从未终止，甚至连萤火虫都在劫难逃。《隋书·炀帝纪》曾记载，隋炀帝在景华宫征求萤火虫，以便夜晚出游时放飞在山谷中，微光盈盈，美不胜收。天子自是看不够这美景，便数次征收萤火虫，以至于乱草堆中萤火虫都快绝迹。

不仅如此，隋炀帝因垂杨有“杨”字，便下令民间若进献一株杨柳便赏一匹缣，百姓自然争相进贡。随后，他又下令每人亲自栽种一株，且自己亦如此。如今，隋堤上唯有杨柳依旧，暮鸦哀鸣，似在凭吊隋朝的灭亡。

隋炀帝杨广并非一开始就是个昏君。史书中称其“美姿仪，少聪慧”，在即位前为国家效力，即便身死沙场也毫不畏惧。在替父平陈时，他俘虏了陈后主，杀死了其奸佞之臣及其宠妃张丽华。而即位之后，他却荒淫无度，走上了陈叔宝的丧国之路。游赏江都时，他曾在梦中与陈叔宝相遇，两人一见如故，夜夜笙歌，日日饮酒，至在席间隋炀帝还请张丽华表演《玉树后庭花》。

李商隐如是想，若隋炀帝死后有知，和陈叔宝相逢于九泉，大概不好再提《玉树后庭花》之事了，毕竟重蹈覆辙并不是什么光彩的事情。

身处扬州的李商隐吟咏隋朝之事，实则是为当今圣上所作。然而，他并非朝中重臣，况且此地与长安隔山隔水，这番心思细腻、作语婉曲的劝谏，怎会传到皇帝耳中。即便此诗名噪当时，一传十，十传百，不费吹灰之力入了天子之耳，也并不意味着天子能就此醒悟。杜牧在《阿房宫赋》中有言："秦人不暇自哀而后人哀之，后人哀之而不鉴之，亦使后人而复哀后人也。"当如是。

荒淫者自是快活了一时，却把整个时代推进了万劫不复的深渊。历史无非是兴衰，当朝却在败落后一去不复返。《后庭花》曲调仍被后代传唱，而谱出这靡靡之音的王朝早已作古。偌大世间，除却蔓延无边的时间，没有什么是永恒的，世人更是如草芥一样的存在。

然而昙花一现尚能为黑夜带去惊喜，人生几十载更能创出一番业绩。最怕的是，生活还未真正开始，就已经要落幕。虽然天真而执着的李商隐仍为大唐急转直下的命运耿耿于怀，但此时更让他惆怅的是，他还未站到舞台的中央，属于他的戏剧便已唱到了尾声。而他却只得看着生命之光一点点地消散，却无能为力。

此情不再，当时惘然

锦瑟无端五十弦，一弦一柱思华年。
庄生晓梦迷蝴蝶，望帝春心托杜鹃。
沧海月明珠有泪，蓝田日暖玉生烟。
此情可待成追忆，只是当时已惘然。

——《锦瑟》

沉默，可能是一个人最强烈的哭声；最近的路途，或许需要最艰难的跋涉；最简单的文字，往往隐含最晦涩的情愫。李商隐站在河的彼岸，回望这一生的跌宕起伏，郑重地洒扫庭除、沐浴焚香、铺纸研磨，决心要为人生画上最后的瑰丽的一笔。本想字字都作浅显语，但一落笔、一泼墨，便成了一盘谁都解不开的谜棋。

千百年来，有多少人走进这盘棋局，企图找到唯一的谜底，却总是一次次迷失在单个的棋子中，惘然叹息。偶有寻到些许蛛丝马迹的人，便将《锦瑟》归结为：悼亡诗、咏物诗、感遇诗、怀人诗等等。无人能否认这些支离破碎的解释，但它们同样无从得到印证。

所谓解铃还须系铃人，唯有诗人自己拥有对此诗的最终解释权。但他早已化为一缕幽魂，站在云端，笑看众生执迷不悟地穿梭在棋局中，沉醉不知归路，却不发一言。然而即便让他做出一番解释，或许他也会像众人一般，叹一句“惘然”。

往事，只可追忆，怎会重来？人生，唯有体会，怎可解释？

对于此，王蒙曾做过大胆尝试，即将此诗的字、词、句，重新分解、拼接、组合、旋转，而后写成一首署名为自己的《锦瑟》：“锦瑟蝴蝶已惘然，无端珠玉成华弦。庄生追忆春心泪，望帝迷托晓梦烟。日有一弦生一柱，当时沧海五十年。月明可待蓝天暖，只是此情思杜鹃。”

王蒙之《锦瑟》改变了李诗的结构，乍看牵强，却仍可吟读，且美感犹存，更让人惊艳的是，诗情诗境诗语竟大致保留了原貌。这不得不让把玩这盘棋局的王蒙喟然长叹：“这是一个陷阱。这是一种诱惑。这是《锦瑟》的魅力。这是中国古典的‘扑克牌’式文学作品。这是中华诗词的奇迹。这是人类的智力活动、情感运动的难以抗拒的魅力。这也是一种感觉，一种遐思，一种精神的梦游。这又是一种钻牛角尖的苦行。这当然是不折不扣的野狐禅。”

一千个读者有一千个哈姆雷特，这是伟大作品经久不衰的魅力；一千人眼中亦有一千首《锦瑟》，这亦是经典艺术与生俱来的气魄。既然如此，又何必非要理清迷途中的各条支路，只要从中穿过，染了一身花香，这便是与美丽触碰的意义。李商隐流浪的最后一程是童年的江南，但抵达此处无多久，即大中十二年（858），柳仲郢便升任刑部尚书，罢去了盐铁转运使的职务，李商隐盐铁推官的乌纱帽也就戴不住了。许是他已知天命，这一次他并没有回到长安，而是回到了老家郑州。虽然韦庄曾有言：“未老莫还乡，还乡须断肠。”但在故乡熟悉的山水中肝肠寸断，总比流浪天涯要幸福得多。如同落叶静静地掉下来，落在树根旁，与随风飘逝不知何处去相比，始终是更为安详的一种结局。

唯有在生命即将终结时，才能看透整部人生。李商隐坐在自家的庭院中，回望这一生走过的路。山谷沟壑传来巨大的回声，江海溪流泛起滔天的浪潮，生命、爱情、仕途、追忆各自奏成华丽的乐章，交合在一起便是一部浩瀚的交响乐。这部交响乐，不是贝多芬对生命的怒吼，亦不是莫扎特对内心激情的倾诉；而仅仅是由一把锦瑟弹奏出的不可言说的梦境。

《汉书·郊祀志》记载："泰帝使素女鼓五十弦瑟，悲，帝禁不止，故破为二十五弦。"鼓响这有着五十弦锦瑟的人，或许是垂垂老矣的李商隐，抑或是临水照花镜的佳人，而无论是谁，那每一弦、每一柱的抚弄，都会引起他对往事的追忆。往昔年华已逝，但锦瑟的繁复琴音，久久不散，唯有思忆不可言说。

他曾在江南度过温润如水的童年，曾在仙雾缭绕的道观里窃了一缕香，曾着一身白衣坐在令狐楚宴会上，曾用一首诗换来一段无果的邂逅，曾在及第后娶了一位貌比罗敷的姑娘……而后来呢？后来的故事，是在刀刃上的一次次行走，是与妻子的一场场别离，是在仕途上的一幕幕宦游。或许，也不止这些，一定还有他不曾想起的细节，比如在午后吟了一句未曾落笔的诗。但已经不重要了，记住的与忘记的，都已成了一抔黄土，被风扬在了各个角落。

隔岸观火，很少能感同身受，站在往事之外，亦是难以分辨记忆中的情节。难怪庄周梦蝶醒来后，与蝴蝶分不清彼此。

李商隐如今检点往昔，也如同做了一场梦，道不明哪是真实哪是虚幻。

李煜曾说“梦里不知身是客”。在梦中他可以回江南，可以坐龙椅，可以与兄弟对弈，可以拥娥皇入怀。可是醒来后，只得在囚笼一样的小庭院中，背负亡国的伤痛。然而，哪里有不醒的梦，醒来后无处可去，唯有在年华逝去的困境中狼狈挣扎。李商隐也愿沉迷在梦境中医治伤口，但被一曲《锦瑟》惊醒，再要入梦已是奢望。

少年意气风发的时光不可追，而醒来他依旧是那个空有才情却无处纾解，以至于终生潦倒抱憾的人。鲁迅对痛苦做出过这样的解释：“人生最苦痛的是梦醒了无路可走。”诚然如是。于是望帝在死后化为杜鹃，暮春啼哭，直至口出鲜血，以抒发心中悲苦。李商隐则借着锦瑟繁弦，声声哭诉难言的哀伤。

李商隐这一生，实在太短太平凡，概括起来，也无非是“仕途蹭蹬、爱情多舛”这八字。但这一生又太长太繁复，五十弦的锦瑟都无法弹得历历分明。其实，也不必悲伤，那被风扬在各个角落的黄土，将会带着它的因缘，在另一片土地上，长出新的嫩芽。李商隐认真地年轻过，也要认真地老去。于是，他要以史诗般的激情，为这平凡而又复杂的一生赋诗，不仅要写出生命的长度，更要丈量出生命的厚度。然而，他并没有作下堪与《荷马史诗》相比的鸿篇巨制作品，而是用七律的形式，仅仅写了一种说不清道不明的怅惘情绪。千年过去，这份怅惘之感竟然没有消散，反而如烟似雾，笼罩在世人心头。

或许，这份由追忆与怀念引起的怅惘，正是人类共有的经

验。不知为何而愁，却觉得满目是愁。这愁本没有重量，不过是似暮霭的东西，但一齐聚压在胸口，便成了一种无法排遣的沉重。

昼夜皆是如此。

在夜间，诗人看到的是沧浪之海，是明朗之月；在白天，诗人看到的是玉田，是暖日。无论是昼是夜，也不管是地下还是天上，诗人摄入笔端的景致朦胧而极富美感。戴叔伦曾有言："诗家之景，如蓝田日暖，良玉生烟，可望而不可置于眉睫之前也。"李商隐化用戴叔伦这句论诗之语，似在言说自己毕生的诗歌创作，又似在倾诉才华横溢之中别有寂寞的情味。

在这一生中，诗人又何尝不是含泪的珍珠、生烟的美玉？太过美好，也太过凄凉，这矛盾双生体，藏匿在他有所得又有所失的爱情里，隐含在他丰腴饱满却终身不用的才华中，也浸没在他与生命同在的悼念与相思里。而这些早已成了彼岸的落英，诗人唯有看着它们一片片飘下。他想要撑船渡河，捡起一片尚且不能。于是，他只得看着隔岸落英缤纷的故园，缓缓道出有关人生的寓言——"此情可待成追忆，只是当时已惘然"。

年少时，只把珍贵视作寻常，而当那些如风般的时光，那些锦瑟的年华，模糊成一团漫漶不清的雾霭时，才明白人生只此一次，精彩或是惨淡，都不可重来。

昨夜的星辰，永远照不亮今晚的夜空；昨天的太阳，迎不来今日的黎明。这个道理看似简单，却不是每个人都懂。即便是懂得，也未必能立即从往事中抽出身来。李商隐在如春蚕丝尽时，在似蜡炬成灰时，终究彻悟了生命的本质——"庄生晓梦"即人生似梦，"望帝春心"即人生如寄，"沧海月明"即人生如泪，“蓝田日暖”即人生如烟。一切皆是虚无缥缈，而他依旧寄身于滚滚红尘，在追忆中怅惘，在怅惘中追忆。一曲《锦瑟》唱毕，李商隐人生的大幕徐徐拉合。千百年后，台上已不见了诗人，而台下却仍是红尘万丈，苍生渺渺。如若泉下有知，一生至此，或许他已了无憾恨。

一生襟抱，虚负凌云

在没落的晚唐，皇帝的更换都已是寻常之事。小人物的生死，更犹如一粒细沙落入江海，惊不起半圈涟漪。

大中十二年（858）秋冬，李商隐在老家郑州永远闭上了眼睛。史书中记载：“废罢，还郑州，未几病卒。”他没有得力的亲友，亦没有丰厚的遗产，也就没有隆重奢华的葬礼，唯有窗外鹅毛般的雪花，像是大把的纸钱，为他无声地送葬。

文坛更是如山谷般死寂。即便有人有心为他赋诗撰文，也因怕被扣上“背恩”“不堪”的帽子，而怯生生地搁下了笔。而生前与李商隐交好的崔珏，听闻李商隐死讯，放声大哭，挥笔便是两首《哭李商隐》。这两首诗，好似一声凄厉的猿啼，猛地震彻了整个岑寂的山谷。

漫天的雪花、真诚的眼泪、写在浣花纸笺上的诗歌，对李商隐来说，已然足够。

虚负凌云万丈才，一生襟抱未曾开。

鸟啼花落人何在，竹死桐枯凤不来。

良马足因无主踠，旧交心为绝弦哀。

九泉莫叹三光隔，又送文星入夜台。

——崔珏《哭李商隐》其二

有情人反被情刺伤，有才人亦能被才能辜负。李商隐做了爱情的主，成了王茂元的女婿，却在仕途中失却了话语权。即便是才高似万丈凌云，亦被无情夹在了党争的罅隙中。茫然地蹚了一次浑水，自此便无枝可栖，颠沛流离。

世间伤悲之事，莫过于难遇伯乐，不逢知己。于是，李商隐这匹千里马被弃之不用，直至生命之光兀自熄灭。崔珏自觉这乱世中再无交心人，便如伯牙失去子期那般，绝弦罢弹，直至琴弦布满尘埃。尽管崔珏一哭三叹，但还是忍住悲伤，劝慰李商隐：不必悲叹九泉之下见不到日月星三光，你便是一颗照亮冥间的文星。

《锦瑟》是李商隐为自己写出的绝唱，而《哭李商隐》则是崔珏为他奏响的一曲挽歌。这支挽歌有哀悼、有赞叹、有痛惜、有恸哭，是对命运不公的控诉，是对时代畸形的愤懑，也是对友人流浪一生的悲叹。《精选五七言律耐吟集》在评论此诗中写道："后人无数挽词，未能出此。"这固然是崔珏的一片诚心所致，但谁能否认正是李商隐悲伤而惆怅的人生，造就了这首挽词?

其实，留下的人又何必为他的逝去而伤神。对李商隐而言，结束在世间的流浪，未尝不是一种幸福的结局。

历史的舞台上，生旦净末丑依旧轮番上演。而李商隐在爱过痛过、哭过笑过之后，早已成了元宵节藏在灯笼中的灯谜，美到极致却永远无解。